Alexander Sand

Reich Gottes und Eheverzicht im Evangelium nach Matthäus

Stuttgarter Bibelstudien 109

Herausgegeben von
Helmut Merklein und Erich Zenger

Alexander Sand

Reich Gottes und Eheverzicht im Evangelium nach Matthäus

Verlag Katholisches Bibelwerk GmbH
Stuttgart

CIP-Kurztitelaufnahme der Deutschen Bibliothek

Sand, Alexander:
Reich Gottes und Eheverzicht im Evangelium nach Matthäus / Alexander Sand. – Stuttgart: Verlag Katholisches Bibelwerk, 1983.
(Stuttgarter Bibelstudien; 109)
ISBN 3-460-04091-2

NE: GT

ISBN 3-460-04091-2

Gesamtherstellung: Wilhelm Röck GmbH, Weinsberg

Inhalt

Vorwort

Dem Problem der Unauflöslichkeit der Ehe, also der Diskussion über Möglichkeit oder Unmöglichkeit, eine christliche Ehe aufzulösen, war in den letzten Jahren von Exegeten, Moraltheologen und Kirchenrechtlern große Aufmerksamkeit und reges Interesse zuteil geworden. Dabei standen vor allem die Texte Mk 10,2–12 par Mt 19,3–12; Mt 5,32 par Lk 16,18 und 1 Kor 7 im Mittelpunkt der Überlegungen. Die Ergebnisse der vorgelegten Interpretationsversuche – ihre Zahl ist inzwischen fast unüberschaubar geworden – hingen weitgehend von dem jeweiligen hermeneutischen Einstieg ab, also von einem bestimmten Vorverständnis, das den historisch-kritisch, systematisch oder kirchenrechtlich orientierten Ausführungen zugrunde gelegt wurde.

Bei dieser z.T. sehr engagiert geführten Diskussion wurde der Text Mt 19,10–12, der sogenannte „Eunuchenspruch", oft nur am Rande beachtet. Die eine Ausklammerung bestimmenden Gründe waren teils formaler Art, teils entsprachen sie der Einsicht, daß die drei Verse als gesondert tradierte, vom Ehescheidungsproblem unabhängige literarische Einheit anzusehen sind; eine genuin theologische Begründung suchte man oft vergebens. Andererseits erschienen einige gut fundierte Einzeluntersuchungen zum genannten Text, die bewirkten, daß die Frage nach dem Sinn des „Eunuchenspruchs" nicht ganz übersehen wurde; man muß den Exegeten, die diesem schwierigen Logion ihre Aufmerksamkeit schenkten, aufrichtig dafür danken, daß dadurch ein wichtiges „Herrenwort" nicht völlig in Vergessenheit geriet.

Der hier vorgelegte Überblick der bisher unternommenen Deutungsversuche und der sich anschließende Versuch einer exegetischen Analyse des „Eunuchenspruchs" will ein Beitrag sein, die Diskussion um Mt 19,10–12 weiterzuführen. Daß damit zugleich ein Beitrag zur Klärung einer bestimmten gegenwärtigen, innerkirchlichen Diskussion geleistet werden sollte, nämlich der Diskussion über Ehelosigkeit und Eheverzicht, war nicht Hauptziel der Untersuchung, ist aber auch keineswegs als zufälliges, gleichsam unbeabsichtigtes Nebenergebnis zu verstehen.

Bochum, im Oktober 1982 Alexander Sand

Einführung

Der „Eunuchenspruch“ Mt 19,12 ist Sondergut des Matthäusevangeliums. Er steht in unmittelbarem Zusammenhang mit dem „Streitgespräch“ über die Erlaubnis der Ehescheidung (Mt 19,3–9), das bei Markus eine sachliche Parallele (10,2–9), in das Lukasevangelium jedoch nicht Eingang gefunden hat. Während bei Markus der Charakter eines Streitgesprächs, dem eine katechetische Belehrung Jesu an die Jünger im Sinne einer Anwendung und zugleich Ausweitung angefügt wurde (Mk 10,10–12), deutlich zu erkennen ist, und zwar aufgrund der für die Gattung „Streitgespräche“ typischen Merkmale, hat Matthäus durch Umstellung und Veränderung des Textes das Moment der polemischen Auseinandersetzung in den Hintergrund gedrängt. Der Dialog mit den Pharisäern gewinnt bei ihm die Form einer Grundsatzerklärung über die strittige Frage, ob eine Frau aus jedem Grund entlassen werden darf. Am Schluß des Dialogs wird in der Art einer antithetischen Erklärung gesagt, daß ein Entlassen der Frau (ohne berechtigten Grund) nicht gestattet ist (vgl. dazu Mt 5,31f und Lk 16,18).

Durch die redaktionelle Anbindung und enge Verklammerung mit dem Vorausgehenden gewinnt auch der Eunuchenspruch den Charakter einer Grundsatzerklärung. Wie die Auseinandersetzung über die Ehescheidung mit einer prinzipiellen Stellungnahme Jesu endet, wird auch mit dem Eunuchenspruch eine Diskussion entschieden, die für die Gemeinde des Matthäusevangeliums und für den Vorsteher dieser Gemeinde von großer Bedeutung war: Menschen, die um des Himmelreiches willen auf die Ehe verzichten und die deswegen angegriffen werden, erfahren ausdrücklich Anerkennung, Zustimmung und Rechtfertigung. Inhaltlich ist das Jesuslogion über die freiwillig gewählte Ehelosigkeit bei den Sprüchen über das Reich Gottes bzw. das Himmelreich anzusiedeln. In der dezisiven Aussage mit stark persönlichem Charakter wird die Lebensweise einer Menschengruppe innerhalb der Matthäusgemeinde positiv gewürdigt und trotz ihrer auffallenden Besonderheit für legitim erachtet. Es handelt sich wohl um Gemeindeglieder, die wegen des Himmelreiches eine Lebensform gewählt haben, die dem Ruf Jesu in die Nachfolge besonders zu entsprechen scheint und angesichts der kommenden und gekommenen Gottesherrschaft ihre Rechtfertigung erfährt. Die apodiktische Form des Logions läßt erkennen, daß als „Sitz im Leben“ eine Situation ausgemacht werden kann, die durch den Widerspruch gegen eine bestimmte Vollzugsweise der Nachfolge gekennzeichnet ist. In der vorliegenden Form gibt der Eunuchenspruch zu erkennen, daß er weder als Rätselspruch noch als Fragment einer irgendwie gearteten Geheimlehre interpretiert werden darf. Zweifellos ist das Wort in hohem Maß anstößig. Aber dieser Anstoß ist nicht akzidentiell hinzugekommen, sondern bewußt gewollt, weil die Predigt Jesu selbst den Anstoß provoziert (vgl. Mt 8,21f). Hinter dem Entscheidungswort in der jetzt vorliegenden Gestalt stand ursprünglich möglicherweise eine aus der Erfahrung gewonnene Aufzählung der zwei Gründe, die für die zwar seltene, aber um so auffallendere Tatsache faktischer Ehelosigkeit bestimmend waren und von Ehelosen von Geburt an und von Ehelosen durch Fremdeinwirkung handelten. Als Konsequenz einer asketischen Lebenshaltung – nicht erst im Umkreis judenchristlicher Wanderpropheten – wurde dann eine dritte Gruppe angefügt, die aus einem anderen, nämlich religiösen Grunde ehelos lebte. Die Hinzufügung „wegen des Himmelreiches" macht deutlich, daß dieser eschatologisch motivierte Spruch (vgl. Mk 12,12 par. Mt 22,30; Lk 20,35f) im Umfeld der „Reich-Gottes-Predigt" Jesu seinen Ursprung hat. Erst als Himmelreichlogion gewinnt er sein eigentliches, theologisches und – wie noch zu zeigen sein wird – ekklesiologisches Gewicht: Das Logion klärt als Entscheidungswort eine umstrittene Situation und ergreift als Machtwort Partei für eine Minderheit in der Gemeinde des Matthäus. Offen sind dabei vor allem die Fragen, welche die Herkunft, die Überlieferung und den Sinn sowohl der einzelnen Aussageeinheiten als auch des Logions insgesamt betreffen. Nicht zuletzt drängt sich die Frage nach der allgemeinen Verbindlichkeit und fortdauernden Gültigkeit dieses Logions auf. Entsprechend der eben vorgetragenen, wenn auch zunächst noch vorläufigen Beobachtungen bestimmt sich der Gang der Untersuchung wie folgt: Nach einigen grundsätzlichen Ausführungen über „Reich Gottes" im Neuen Testament und vor allem im Matthäusevangelium ist vom Eingehen in das Gottesreich, d.h. von den damit verbundenen Bedingungen, Voraussetzungen und Forderungen, zu handeln; ein Überblick über die Exegese des Logions in frühchristlicher Zeit und in der Gegenwart leitet über zur Textanalyse und Auslegung von Mt 19,10–12; nach der Berücksichtigung der religions- und zeitgeschichtlichen Zusammenhänge im Sinne einer Hintergrundreflexion soll abschließend ein Resümee in Form einer kontextkritischen, theologischen Würdigung versucht werden, die vor allem die konkrete Gemeindesituation zu berücksichtigen sucht.

I. Reich Gottes, Reich der Himmel, Reich des Vaters

1. DIE UMKEHRPREDIGT JESU

Der überwiegende Teil der etwa 162 Vorkommen von „Reich, Herrschaft" im Neuen Testament begegnet in der Wortverbindung: Reich Gottes, Reich der Himmel, Reich des Vaters. Den größten Anteil an den Vorkommen haben die synoptischen Evangelien; dort finden sich die genannten Verbindungen vor allem im Munde Jesu und in den die Botschaft Jesu weiterführenden Gemeindebildungen. Dabei kann in der nachösterlichen Gemeindetradition ein einfaches „Reich" für die wohl ursprüngliche Verbindung mit einem Genitiv stehen; dies gilt vor allem für das Matthäusevangelium. Jesu Verkündigung des nahen Gottesreiches bzw. der Gottesherrschaft war unlöslich verbunden mit der Aufforderung zur Umkehr: „Kehrt um! Denn nahegekommen ist das Reich der Himmel" (Mt 4,17[1]). Diese Umkehr als Hinwendung zum „Himmelreich", die auch in der Bußpredigt des Täufers eine wichtige Rolle spielt[2], wird in den Prophetensprüchen der Logienquelle als wesentliche Voraussetzung für das Bekenntnis zu Jesus von Nazareth bestimmt: Mt 11,20.21/Lk 10,13 und Mt 12,41/Lk 11,32; denn Jesu Predigt und Taten fordern auf zur Entscheidung. Auch der Missionsauftrag an die Jünger hat zum Inhalt, daß das Himmelreich (nahe) gekommen ist: Mt 10,7; vgl. Lk 10,9b und 9,2.

Umkehren aber heißt: der zur Umkehr Gerufene muß sein Leben neu ausrichten. Er muß bisherige Lebensgewohnheiten hintanstellen und seinen Weg neu ordnen aufgrund besserer Einsichten, welche gewonnen werden aus dem Hören einer neuen Verkündigung. In der Aussage vom Reiche Gottes[3], welches zugleich Reich des Vaters ist, ruft Jesus zu uneingeschränkter Gottesliebe und fordert zu einem Leben in der Liebe hier und jetzt auf.

---

[1] Vgl. Mk 1,15; bei Mk folgt auf den Umkehrruf die interpretierende Mahnung: „Und glaubt der Frohbotschaft!"

[2] Mt 3,2.11 und Lk 3,8: „Bringt also würdige Früchte der Umkehr!" Nach Mt 11,11f ist der Täufer zwar mehr als ein Prophet, aber der kleinste im Himmelreich ist größer als er.

[3] Über Mk und Q hinaus kennt Mt den „Reich Gottes (der Himmel)" – Begriff 27 mal; 5mal hat er den Begriff dem Mk-Text eingegliedert, 10mal begegnet er in der redaktionellen Gleichniseinleitung: „das Himmelreich ist vergleichbar . . ." Siehe dazu bei *J. Jeremias*, Neutestamentliche Theologie. Erster Teil: Die Verkündigung Jesu, Gütersloh 1971, 40–42.

2. „JAHWE IST KÖNIG" IM ALTEN TESTAMENT

Bereits im Alten Testament ist von Jahwes „Königtum" oder „Königsherrschaft" die Rede; doch ist der Begriff noch relativ selten und begegnet fast durchweg erst in den späten Schriften. Älteren Ursprungs dagegen ist die Aussage: „Jahwe ist König"[4]. Mit dieser Bezeichnung vollzog sich eine tiefgreifende Neuinterpretation: Aus dem mit Israel wandernden Gott wird der thronende, gleichsam seßhafte Gott. Ort des Wohnens und damit auch der huldigenden Verehrung wird der Tempel in Jerusalem[5]. In noch späterer Zeit wird die Königsherrschaft Jahwes mehr auf die Zukunft des Volkes Israel bezogen. Von der Erwartung des in (ferner) Zukunft kommenden Heils zeugen die Texte Jes 24,23; 33,22; Zef 3,15; Obd 21; Sach 14,16f. Die jüdische Apokalyptik schließlich verknüpft den Gedanken der zukünftigen Königsherrschaft Gottes mit der ihr eigenen Vorstellung vom Heil als etwas völlig Neuem, das zur jetzt ablaufenden Geschichte keine Kontinuität mehr aufweist (vgl. Dan 2;7); zum Teil ist damit auch eine Naherwartung verbunden[5a].

3. DER ESCHATOLOGISCHE CHARAKTER DER GOTTESHERRSCHAFT

In den Schriften des Neuen Testaments bleibt zunächst die Bedeutung von „Herrschaft", „Herrscherwürde" und „Herrscherreich" erhalten. Doch ist jetzt öfter vom „Reich des Vaters" (bzw. „des Sohnes") die Rede. Auch die Aussage von der Nähe des Reiches bzw. seiner Gegenwart wird betont in den Vordergrund gerückt: Lk 17,20f; Jesu Macht über Dämonen zeigt an, daß das Reich Gottes „zu euch gekommen" ist[6].

---

[4] Ex 15,17f; Num 23,21; Dtn 33,5 u.ö.

[5] Vgl. dazu die Jahwe-König-Psalmen, bzw. Thronbesteigungslieder: Ps 47.93.96–99 u.a.

[5a] Zur frühjüdischen Apokalyptik vgl. *K. Müller*, Art. Die jüdische Apokalyptik. Anfänge und Merkmale: TRE III 202–251; *K. Koch* (Hrsg.), Apokalyptik (WdF 365), Darmstadt 1982. – Zur „Königsherrschaft Gottes" im Frühjudentum vgl. *G. E. Ladd*, The Kingdom of God in Jewish Apocryphal Literature: BS 109 (1952) 55–62. 164–174.318–331; 110 (1953) 32–49; *G. W. Nickelsburg*, Resurrection, Immortality, and Eternal Life in Intertestamental Judaism (HThS 76), London 1972; *M. Lattke*, Zur jüdischen Vorgeschichte des synoptischen Begriffs der „Königsherrschaft Gottes", in: *P. Fiedler – D. Zeller* (Hrsg.), Gegenwart und kommendes Reich (Schülergabe A. Vögtle), Stuttgart 1975, 9–25.

[6] Mt 12,28 par. Lk 11,20.

Zu den im vorliegenden Zusammenhang zu würdigenden Aussagen des Matthäusevangeliums ist grundsätzlich festzuhalten: Matthäus betont stärker die „Transzendenz" und Zukünftigkeit des Reiches Gottes (5,19f; 6,10); es kommt im Zeichen des Gerichts, das sich in der Trennung von Gut und Bös darstellt[7]. Vielleicht weist auch der vom ersten Evangelium bevorzugte Ausdruck „Reich der Himmel" auf die Transzendenz des Reiches Gottes hin[8]. Dennoch ist für Matthäus das Himmelreich eine schon jetzt wirksame, die Gegenwart der Gemeinde bestimmende Größe. Es ist nicht nur Ziel, dem man entgegensieht, das sich aber erst in ferner Zukunft realisiert; es ist vielmehr ein das Leben und Handeln der Gemeindeglieder immer schon und immer wieder ordnendes Element. Mag auch in einigen Perikopen das Zukünftige der Himmelreich-Vorstellung stärker als in anderen neutestamentlichen Traditionen hervortreten, so ist dennoch im Matthäusevangelium die Zuordnung der Gemeindekatechese zum „Reich Gottes" und der unmittelbare Bezug der paränetischen Aussagen zum „Himmelreich" hervorragendes Merkmal der theologischen Gesamtkonzeption.

---

[7] Vgl. das Gleichnis vom Netz Mt 13,47–50 und die Deutung des Gleichnisses von der „Ernte" (= Deutung des Gleichnisses vom Unkraut) Mt 13,36–43.

[8] Natürlich liegt hier jüdischer Sprachgebrauch vor (einschließlich der oft erwähnten „Scheu" der Juden, den Gottesnamen auszusprechen). Doch wird man schwerlich sagen können, der matthäische Sprachgebrauch sei nur von daher zu erklären. Vgl. *M. Pamment*, a.a.O. 211–232 („an entirely future reality": S. 211).

II. Der Anspruch des Himmelreiches

1. DAS HIMMELREICH ALS TAT GOTTES

Das Matthäusevangelium spricht zweimal vom Reich „Christi". Nach 13,41 wird der Menschensohn seine Boten aussenden, und sie werden sammeln „aus seinem Reich" alle Verführer und Übeltäter. Von einigen Umstehenden sagt Jesus an anderer Stelle, daß sie den Tod nicht schmekken, bis sie den Menschensohn kommen sehen „in seinem Reich": 16,28. Diese beiden Jesusworte sind als Menschensohnlogien Sondergut des Matthäus und bezeugen eine eigenständige Überlieferung und Weiterbildung der Gemeindetheologie.

Entscheidend sind die zahlreichen Texte, die von der „Königsherrschaft Gottes" sprechen. Dabei ist für Matthäus auffallend und theologisch bedeutsam der Gebrauch der Formel: „Reich der Himmel". Zwar spricht auch er – und zwar an 4 (bzw. 5) Stellen, die aus vorredaktioneller Überlieferung stammen – vom Reiche Gottes[1], vorwiegend jedoch redet er vom Reich der Himmel[2]. Dieser doppelte Sprachgebrauch bei Matthäus markiert zunächst noch keinen sachlichen Unterschied. Seine Vorliebe für eine Formel, die den Gottesnamen vermeidet, besagt nicht unbedingt, daß der Verfasser des ersten Evangeliums in rabbinischer Tradition steht, welche die spätjüdische „malkût schāmajim", d.h. „Herrschaft der Himmel", zum bestimmenden religiösen Terminus wählte, sondern deutet nur an, daß die angesprochene Gemeinde noch enge Verbindung zur jüdischen Überlieferung hat. Die von Matthäus bevorzugte Formel drückt aus – ähnlich wie die bei Matthäus belegte Wendung „Reich des Vaters"[3] –, daß das Reich Gottes als Reich des Himmels nicht durch menschliche Anstrengung in dieser Welt geschaffen werden kann, sondern Tat Gottes ist (vgl. 21,43; 25,34, wo das „Reich" ein Heilsgut ist, das Israel weggenommen wird, das dagegen die Gerechten erben). Die Predigt vom „Reich der Himmel" im Matthäusevangelium ist also entsprechend der theologischen Konzeption des ersten Evangelisten die Verkündigung

---

[1] Mt 12,28 (= Lk 11,20) ist der Logienquelle entnommen; 19,24 stammt aus Mk 10,25; 21,31 und 21,43 (Gleichnis v.d. Winzern) sind Sondergut. Vgl. noch 6,33, wo spätere Hss verdeutlichend „(Reich) Gottes" hinzugefügt haben.

[2] Der Ausdruck kommt außer in der textkritisch unsicheren Stelle Joh 3,5 im Neuen Testament nur bei Mt vor.

[3] Mt 13,43; 26,29; vgl. auch 6,10; 25,34 und Lk 12,32 („denn es gefiel eurem Vater, euch das Reich zu geben").

eines „Geschehens“, das sich nicht nach der Vorstellung von Menschen, sondern entsprechend dem Willen Gottes, der zugleich „Vater“ ist, realisiert. Das Himmelreich ist eine Gabe, die Gott denen schenkt, die fähig und bereit sind, sie anzunehmen. Es handelt sich also nicht um etwas, das der Mensch durch eigene Anstrengung zuwege bringen kann; auch der absolute Gebrauch von „Reich“[4] widerspricht dem nicht. „Es bedarf keiner besonderen Beweisführung, daß an all diesen Stellen immer an das Reich Gottes gedacht ist, wie das ja eindeutig durch den Textzusammenhang und durch besondere Attribute und Prädikate gesichert ist.“[5]

Wichtige Aussagen betreffend das Reich der Himmel begegnen im Matthäusevangelium vor allem in der Bergrede (Kap. 5–7). 5,3: „Selig die Armen im Geist, denn ihrer ist das Reich der Himmel.“ 5,10: „Selig die Verfolgten wegen Gerechtigkeit, denn ihrer ist das Reich der Himmel.“ Nach 6,33 sollen die Menschen das Reich (Gottes) und dessen Gerechtigkeit suchen, und zwar „zuerst“. Vordringliche Sorge eines Jüngers muß also das „Reich“ sein. Freilich: das Reich der Himmel ist keine offen zutage liegende Größe, wie dies die Himmelreich-Gleichnisse erkennen lassen; denn die Botschaft wird von einigen angenommen, von anderen verworfen. Dieser Tatsache sucht der paränetische Charakter der Gleichnisse Rechnung zu tragen. Das Himmelreich birgt Geheimnisse in sich; dem Jünger ist es gegeben, sie zu erkennen, denen draußen dagegen nicht, weil sie ihr Herz verhärtet haben (vgl. 13,10–17).[6] Man muß etwas tun!, so formuliert es Matthäus immer wieder. Ohne Frage ist bei Matthäus eine stark ethisierende Gestaltung der Vorstellung vom Himmelreich festzustellen, etwa wenn zur traditionellen Aufforderung „Sucht zuerst das Reich Gottes!“ hinzugefügt wird „und seine Gerechtigkeit“. Diese geforderte Gerechtigkeit ist nicht im Sinne des Apostels Paulus zu interpretieren, sondern ist zunächst eine vom Menschen geforderte und von ihm zu leistende sittliche Qualität seines Tuns und Wirkens, die aber der dem Himmelreich immanenten Qualität entsprechen muß. Demgegenüber versuchen die Schriftkundigen und Pharisäer das Reich der Himmel zu verschließen vor den Menschen (23,13); die gegen diese gerichteten Drohsprüche warnen vor falschem Verhalten und ermahnen die Jünger,

---

[4] Mt 4,23; 9,35; 24,14 („frohe Botschaft des Reiches“); 8,12; 13,38 („Söhne des Reiches“) und 13,19 („Wort des Reiches“).

[5] *K. L. Schmidt*, βασιλεία: ThWNT I 583.

[6] Doch weiß Mt auch um mangelnde Bereitschaft und Fähigkeit der Jünger, wenn es um das Begreifen und Verstehen geht: 15,16; 16,8f.23; 17,17–20.

zwar zu tun, was jene sagen, aber nicht ihrem Beispiel zu folgen. Das erste Evangelium fordert also als Voraussetzung des Eintretens in das Himmelreich die Verwirklichung sittlicher Forderungen. Nicht zuletzt aus diesem Grunde steht – wie einleitend hervorgehoben wurde – am Beginn der Himmelreich-Predigt die Weisung (4,17): „Kehrt um; denn nahe gekommen ist das Reich der Himmel".[7] Dieser Umkehrruf bezieht sich auf die Gegenwart, nicht auf die Zukunft; denn Weisungen wie z. B. die über Ehe und Ehescheidung sind im kommenden Himmelreich irrelevant, weil die Menschen bei der Auferstehung weder heiraten noch verheiratet werden: Mt 22,30 (vgl. Mk 12,25; Lk 20,35). Unter diesem Aspekt entspricht auch der Eunuchenspruch 19,10–12 der matthäischen Auffassung, daß es richtig und notwendig ist, viel oder alles zu opfern um des Himmelreiches willen. Denn – so lautet das Logion – es gibt welche, die um des Himmelreiches willen sich „zu Eunuchen machen". Was aber ist damit gemeint?

2. VOM EINGEHEN IN DAS HIMMELREICH

Zum richtigen Verständnis ist zunächst eine bestimmte Form der Reich-Gottes-Predigt im Matthäusevangelium zu beachten. Innerhalb der Verkündigung vom Himmelreich nehmen die Sprüche vom „Eingehen" in dieses Reich einen herausragenden Platz ein.[8] Fast durchweg haben dabei die Ausdrücke „hineingehen, hineingelangen" den Sinn von „eingehen dürfen". „Das Eingehen ist eben an gewisse Bedingungen geknüpft, und es ist eine Autorität da, die über den Einlaß verfügt."[9] Gattungsmäßig gehören diese Sprüche zu den Paränesen apokalyptischer Prägung[10] und begegnen in dieser Form besonders häufig im Matthäusevangelium. Den Spruch vom Reichen, der nicht in das Reich gelangt (Mk 10,23), hat Matthäus im Sinne eines Prophetenspruchs verstärkt durch das vorangesetzte: „Amen, ich sage euch" (19,23). Der Spruch vom Ärgernis (Mk 9,43–47) spricht ursprünglich vom (ewigen) „Leben"; aber Markus hat

---

[7] Vgl. Mk 1,15: „... kehrt um und glaubt der Frohbotschaft!"

[8] Vgl. dazu: *H. Windisch,* a.a.O. 163–192; *U. Luz,* a.a.O. 488f; *M. Pamment,* a.a.O. 212–217.

[9] *Windisch,* a.a.O. 163. Vgl. dazu Mt 5,20; 7,13.21; 18,3.8f; 19,17.23; 23,13; 25,21.23.

[10] Vgl. *G. Dalman,* Die Worte Jesu. Mit Berücksichtigung des nachkanonischen jüdischen Schrifttums und der aramäischen Sprache, Bd. 1: Einleitung und wichtige Begriffe, Leipzig ²1930 (reprogr. Nachdruck Darmstadt 1965), 75–119.

9,47 das (ewige) „Leben" (9,45) durch „Reich Gottes" näher bestimmt. Diese Deutung auf das Gottesreich ergibt sich ebenfalls für Matthäus (vgl. 18,9, wo die ausdrückliche Erwähnung fehlt), und zwar aus dem Gegensatz: Leben – Gehenna (= Feuerpfuhl). Vor allem lassen drei Einzelsprüche im Matthäusevangelium das bevorzugte Interesse an den Bedingungen des Eingehens erkennen; das geforderte „Tun" steht dabei im Vordergrund. Zunächst sind es die Sprüche von der besseren Gerechtigkeit (5,20) und vom Umwenden (18,3); sie sind im je gleichen Schema aufgebaut und durch „Ich sage euch", bzw. „Amen, ich sage euch" als prophetisch geprägte Einlaßworte gekennzeichnet. In 7,21, wo nicht dem Sager, sondern dem Täter der Zugang zur Basileia zugesprochen wird, ist die Erfüllung des Willens Gottes unaufhebbare Voraussetzung. Diese Texte weisen zugleich darauf hin, daß bei Matthäus das Himmelreich in Beziehung zum Gerichtsgedanken steht, der vor allem in einigen Reich-Gottes-Gleichnissen besonders hervorgehoben wird.
Nach Mt 21,31 ist (wie schon in den Einlaßbedingungen der Seligpreisungen) den Zöllnern und Dirnen zugesichert, daß sie „vor" den offiziellen Vertretern des Judentums (den „Hohenpriestern" und „Ältesten des Volkes": 21,23) in das Reich Gottes gelangen. Neu gegenüber dem Judentum ist dabei „die inhaltliche Interpretation des Anbruchs der Basileia als uneingeschränkte, grenzenlose Liebe Gottes vor allem zu den Verachteten und Randsiedlern Israels, den Armen, Frauen, Sündern, Samaritern usw."[11] Darüber hinaus betont das Matthäusevangelium mit einem Logion aus der Spruchquelle, daß „viele von Osten und Westen kommen und sich zu Tisch legen mit Abraham und Isaak und Jakob im Himmelreich" (8,11 par. Lk 13,29). Aufgrund des Zusammenhangs (8,10.12) ist in diesem „Vorzug" der Ausschluß der Juden angesagt, vgl. Mt 5,20; 23,13; denn sie verweigerten die Umkehr (vgl. 21,32). „Die δικαιοσύνη, welche die βασιλεία aufschließt, ist hier durch die μετάνοια gewonnen, die der Täufer verkündete."[12] In diesen Kontext gehört auch das Wort der Spruchtradition Mt 6,33 (par. Lk 12,31), dem Matthäus die Verpflichtung zur „Gerechtigkeit" hinzufügt, welche ausgeübt werden muß (vgl. 5,22). Nach 5,19 ist die Unterwerfung unter die richtig verstandene Tora Vorbedingung für die Zulassung zum Himmelreich: „Dieser wird ein Großer genannt werden im Reich der Himmel". Das Tun ist also im Sinne des Matthäus eine wesentliche Voraussetzung für das Eingehen. Matthäus kleidet „seine Eingangsbedingungen gelegentlich

---

[11] *Luz*, a.a.O. 486.
[12] *Windisch*, a.a.O. 166.

auch in die Form, daß er sagt, was man ‚wegen der basileia' tut oder läßt."[13] Doch begegnet eine „um willen"-Wendung in Verbindung mit der Basileia ausdrücklich nur Lk 18,29 (vgl. dazu Mk 8,35; 10,29; Mt 10,39); es ist anzunehmen, daß diese Wendung in der urchristlichen Überlieferung die ältere Aussage „wegen. . ." (διά m. Akkusativ) verdrängt hat. Die Formel „wegen des Himmelreiches" drückt als Einlaßformel die Voraussetzung aus, unter der ein Jünger Anteil gewinnt am Reich. Dabei ist das Himmelreich nicht primär das angestrebte Ziel, sondern der Grund, der das Verhalten des Jüngers motiviert.

3. DIE FORDERUNG DES KOMMENDEN REICHES

Das Gesagte gilt auch für den Eunuchenspruch Mt 19,12, der nach *Windisch*[14] „wohl nicht den Sinn hat: um besser für die βασιλεία arbeiten zu können, sondern: um sich durch diese Operation den Eingang in dies Reich zu ermöglichen".[15] Doch ist *Windischs* Begründung so nicht aufrecht zu erhalten; dennoch sieht er richtig, daß man mit den beschriebenen Leistungen nicht das Himmelreich selbst erringt, sondern nur die Anwartschaft. Von den Einlaßsprüchen, als deren äußerste Zuspitzung der „Eunuchenspruch" angesehen werden darf, gilt also: In allen „ist die Pointe die, daß der ‚Eingang' abhängt von einer bestimmten Stellung, Haltung und Gesinnung und vor allem von bestimmten Leistungen und Worten."[16] So gehört nach 19,14 (vgl. Mk 10,14) das Himmelreich den Kindern: ihre unbefangene Einfalt[17], ihre fast sprichwörtliche „Einfältigkeit", spiegelt die Haltung wider, die der Jünger Jesu erwerben muß, wenn er am Himmelreich Anteil gewinnen will. „Klein sein" und „einfältig sein" wie ein Kind, und die Bereitschaft, ein Kind wie ein Kind anzunehmen, charakterisiert auch den prophetischen Einlaßspruch Mt 18,3f: „Amen, ich sage euch: wenn ihr nicht umkehrt und werdet wie die

---

[13] Ders., a.a.O. 169. Vgl. *Pamment*, a.a.O. 216: „Those whose lives are not inspired by the ethic can have no place in the kingdom."

[14] A.a.O. 170. Mt 19,12 steht διά mit Akk., eine Wendung, die Mt 13mal verwendet.

[15] Der Gebrauch des Begriffs „Operation" und die Ausführung in Anm. 1 (a.a.O. 170) lassen erkennen, daß *Windisch* eine wörtliche Bedeutung für die dritte Gruppe der Eunuchen annimmt (vgl. auch S. 184). Ob diese Deutung jedoch zutrifft, muß im folgenden erst noch geklärt werden.

[16] *Windisch*, a.a.O. 170.

[17] Vgl. dazu den Spruch vom „Auge der Einfalt" Mt 6,22–23.

Kinder, gar nicht eingehen werdet ihr in das Reich der Himmel."[18] Die Jüngerschar ist demnach eine Gemeinschaft solcher, die wie Kinder sind; Kind-werden und Kind-sein verlangt Jesus als Voraussetzung für die Teilhabe an der Gottesherrschaft. „‚Der sich selbst gering Machende' wendet sich nach unten, weil er unter der Gottesherrschaft steht, auf Grund der göttlichen Gnade, die ihn mit seiner Umgebung vereint, und im Besitz der von der Gnade ihm gegebenen Dienstpflicht."[19]
Um den Spruch von den „Eunuchen" recht verstehen zu können, ist noch kurz einzugehen auf das schwierige Himmelreichlogion Mt 11,11–12 (vgl. Lk 16,16; die lukanische Fassung des sogenannten „Stürmerspruchs" differiert so stark vom Matthäustext, daß von einer Parallele im eigentlichen Sinne nicht die Rede sein kann [so daß auch der ursprüngliche Wortlaut nicht mehr zu rekonstruieren ist]).[20] Dieser Spruch steht im Kontext des Zeugnisses Jesu über den Täufer, das diesen als den größten Propheten in die atl. Prophetentradition einreiht.[21] Johannes erfüllt das Prophetenwort Mal 3,1 (vgl. Mk 1,2), er ist der wiedergekommene Prophet Elija: V. 14 (vgl. Mk 9,13 par. Mt 17,12). Aber obwohl er, der Elija redivivus, mehr ist als ein Prophet, ist er doch ein Geringer im Himmelreich: V. 11.[22] Was aber meinen in diesem Text die VV. 11 und 12? Bei der Deutung ist zu beachten, daß für Matthäus das Himmelreich eine sich durchsetzende Größe ist. Bei den „Gewalttätern" ist weder an Enthusiasten noch an Zeloten zu denken, die mit Gewaltanwendung das Himmelreich an sich reißen wollen; denn das Matthäusevangelium kennt keine zelotischen Aktivitäten. Nur Herodes und die verschiedenen religiösen Gruppen treten in Gegnerschaft zu Jesus und seinen Jüngern. V. 12 ist folglich zu interpretieren: Das Himmelreich stürmt vorwärts, es erzwingt sich seinen Durchbruch. Dabei stellen sich ihm „Gewalttäter" in den Weg, Menschen, die andere religiöse Ziele verfolgen und es deswegen

---

[18] Der „Prophetenspruch" richtet sich an die Jünger, die werden müssen wie Kinder (vgl. 18,1). „The child is the symbol of humility, he is a person without worldly status": *Pamment,* a.a.O. 224.

[19] *A. Schlatter,* Der Evangelist Matthäus. Seine Sprache, sein Ziel, seine Selbstständigkeit, Stuttgart [2]1933, 545.

[20] Vgl. *G. Schneider,* Das Evangelium nach Lukas (ÖTK 3/2), Gütersloh 1977, 337f.

[21] Siehe *A. Sand,* Das Gesetz und die Propheten. Untersuchungen zur Theologie des Evangeliums nach Matthäus (BU 11), Regensburg 1974, 178–182.

[22] Dies ist wohl die richtige Interpretation des ἀπό und des Verbums βιάζεται in V. 12.

plündern und ausrauben wollen.[23] D.h., daß das Himmelreich, vom Täufer angesagt und von Jesus zur Mitte seiner Botschaft gemacht, von Unverständigen, Andersdenkenden und Unwilligen zur Diskussion gestellt oder zum Gegenstand von Auseinandersetzungen oder Streit gemacht wird. Diesen im „Stürmerspruch“ angezeigten Hintergrund gilt es stets zu bedenken, wenn der Eunuchenspruch im Zusammenhang mit den Einlaßbedingungen für das Himmelreich gedeutet werden soll.

---

[23] *Pamment,* a.a.O. 228. Vgl. zu dieser Interpretation auch den ersten Wehespruch Mt 23,13.

III. Die frühen Auslegungen des Eunuchenspruchs

Es kann nicht Aufgabe der hier vorgelegten Ausführungen sein, auf alle bisherigen Lösungsversuche einzugehen. Dies einmal deswegen, weil viele Kommentatoren im Rahmen einer umfassenden Erörterung der Aussagen des Matthäusevangeliums nur kurz das Problem des „Eunuchenspruchs“ behandelten und sich dabei oft mit knappen Hinweisen begnügten. Zum andern aber auch deshalb, weil eine Vielzahl der Äußerungen zum genannten Problem die Diskussion nicht nennenswert vorangetrieben und weitergeführt hat, obwohl sie immer wieder die Notwendigkeit einer ausführlichen Auscinandersetzung erkennen lassen.

Über die Auslegung in frühchristlicher Zeit orientiert gut ein Aufsatz von *W. Bauer.*[1] Grundsätzlich stellt *Bauer* fest, daß der Eunuchenspruch zum matthäischen Sondergut gehört, daß bei der Auslegung von Mt 19,12 der Zusammenhang nicht eigens berücksichtigt zu werden braucht und daß nur 19,11 „bis zu einem gewissen Grade mit zu berücksichtigen“ sei.[2]

Bei den *Apostolischen Vätern* wird Mt 19,10–12 nicht zitiert; doch findet sich bei *Ignatius* (Smyrn. 6,1) eine Reminiszenz an Mt 19,12d („wer es fassen kann, fasse es“ bezieht Ignatius auf Ungläubige). Auch das Thema „Ehelosigkeit“ im eigentlichen Sinne hat noch keine Beachtung gefunden. Andererseits nehmen die Aussagen über „Jungfrauschaft“ einen relativ breiten Raum ein; im Vordergrund steht eine bekenntnisartige Formel über die Jungfrauengeburt Jesu[3] (vgl. Ign. Eph. 19,1: dem Fürsten dieser Welt blieb die Jungfrauschaft [„parthenia“] Marias verborgen). Daneben findet sich, ebenfalls im Brief an die Smyrnäer, in einer Haustafel der Hinweis über „Jungfrauen, die Witwen genannt werden“[4]. *Polykarp* gibt in einer umfangreichen Standesregel die Weisung: „die Jungfrauen sollen in untadeligem und keuschen Gewissen wandeln“[5]; ähnliche Anweisungen begegnen in Clem. 1,3; 57,1; Ign. Magn. 2; 6,1; 13,2; Ign. Trall. 3,1; Ign. Pol. 6,1. Einen breiten Raum nimmt das Thema „Jungfräulichkeit“ in der apokryphen Apokalypse *„Hirt des Hermas“* ein; sie wird primär

---

[1] *W. Bauer,* Matthäus 19,12 und die alten Christen, in: Ntl. Stud. (FS f. G. Heinrici), Leipzig 1914, 235–244.

[2] A.a.O. 235.

[3] Ign. Smyrn. 1,1; vgl. Mt 1 u. 2; Lk 1. u. 2. und das apokr. Protoevangelium des Jakobus.

[4] Ign. Smyrn. 13,1.

[5] Polyk. 2 Phil. 5,3; vgl. dazu die ntl. Haustafeln und Standesregeln, vor allem in den Pastoralbriefen.

von der Kirche ausgesagt (Vis. IV 2,1 f).[6] In den „Visionen" haben die Jungfrauen (ihre Zahl schwankt zwischen 2 und 12) die Aufgabe, beim Bau eines großen Tempels (= die Kirche) die Steine, d. h. die guten Christen herbeizutragen. Fundament der Sittenlehre des *„Hirten"* sind – neben der geforderten Buße – die drei evangelischen Räte: Fasten, Ehelosigkeit und Martyrium.[7] Allerdings wird in den genannten Schriften weder auf Mt 19,12 Bezug genommen, noch der Terminus εὐνοῦχος verwendet.

Erstmals spricht *Athenagoras,* ein „christlicher Philosoph aus Athen"[8], von Ehelosigkeit (eunouchia) und von dem Unverheirateten (eunouchos)[9]; der Begriff „Eunuch" wird also in übertragener Bedeutung verwendet. Der metaphorische Sprachgebrauch ist – nach *W. Bauer* – auch in späterer Zeit nicht selten. „Jedoch, ob ihn Mt 19,12 angeregt hat, läßt sich nicht sagen."[10] Auch *Justin der Martyrer* hat Mt 19,12 „zitiert"[11]; die „eunouchoi" sind „in seinen Augen die keusch Lebenden."[12] Ein weiteres Zeugnis bieten der Ketzer *Basilides* und seine Anhänger.[13] Nach *Basilides* wird nur die erste Gruppe der Eunuchen aufgrund ihrer körperlichen Beschaffenheit zu negativem Verhalten bestimmt; die zweite Gruppe (eunouchoi ex anagkēs) sind Asketen, die aus Ehrgeiz Enthaltsamkeit üben; die dritte Gruppe bilden diejenigen, die von der Ehe absehen, um nicht durch die Sorge um den Lebensunterhalt von Höherem abgelenkt zu werden. Andere Häretiker bedienen sich des Eunuchenspruchs, um ihrer Forderung auf absolute geschlechtliche Enthaltsamkeit besonderen Nachdruck zu verleihen; außerdem soll der Spruch den Hinweis unterstützen, daß Jesus selbst ehelos gewesen sei. *Clemens von Alexandrien,* bei dem die genannten Häretikerauffassungen aufgeführt sind[14], gibt eine andere

---

[6] So auch *Hegesipp* in Eus. HistEccl III 32,7.

[7] Vgl. *B. Altaner/A. Stuiber,* Patrologie, Freiburg [6]1960, 68.

[8] Ebd. 103.

[9] Suppl. 33.34.

[10] *Bauer,* a.a.O. 236.

[11] Apol. I 15,4; die Jungfräulichkeit, von der er spricht, gilt als Kraftzeichen des Christentums.

[12] *Bauer,* a.a.O. 236. Nach *E. Massaux,* Influence de l'Evangile de saint Matthieu sur la littérature chrétienne avant saint Irénée, Louvain-Gembloux 1950, 423 liegt direkte literarische Abhängigkeit vor.

[13] Exegetica, bei Clemens v. Alex.: Strom. III 1,1; vgl. auch *A. Hilgenfeld,* Die Ketzergeschichte des Urchristentums, urkundlich dargestellt, (Leipzig 1884) Darmstadt 1963, 217f.

[14] Strom. III 6,49.50. Vgl. *G. Zaphiris,* Le texte de l'Evangile selon saint Matthieu d'apres . . . Clement d'Alexandrie, Gembloux 1970, 695–702.

Deutung. „Empfehle sie (nämlich die Mt-Stelle) die Ehelosigkeit, so könne sich das nach dem ganzen Zusammenhang nur auf den Sonderfall beziehen, daß jemand nach Entlassung seiner ehebrecherischen Frau aufs neue heiraten wolle.“[15] Der Gedanke, daß Mt 19,12 wörtlich im Sinne einer wünschenswerten Selbstentmannung zu verstehen sei, liegt ihm fern.[16] „Sich zum Eunuchen machen um des Himmelreiches willen“ bedeute „sich alle Lüste abschneiden“;[17] die Seele des christlichen Gnostikers muß frei sein von allen bösen Regungen.

Sein Schüler *Origenes* dagegen, der eine strenge Verbalinspiration vertritt, die ihn zwingt, bei der Schriftauslegung häufig seine Zuflucht zur allegorischen Methode zu nehmen, versteht Mt 19,12 zunächst ganz wörtlich, und zwar für alle drei Eunuchengruppen. Nach dem Zeugnis des *Eusebius*[18] hat er sich in Gehorsam gegen Christus entmannt. Später, in reiferem Alter, hat er jedoch das wörtliche Verständnis des Logions aufgegeben[19] und sich gegen alle gewendet, welche die drei Eunuchengruppen im eigentlichen Sinne verstanden; doch rede die dritte Gruppe auch nicht von solchen, die sich der fleischlichen Begierde enthalten, sondern meine in einem geistlichen Sinne die, welche sich den Wirkungen des Wortes Gottes aussetzten.

Sowohl das rigoristische Verhalten des jungen[20] als auch die spiritualisierende Exegese des älteren *Origenes* blieben nicht ohne Wirkung und Nachahmung. Für die folgenden Jahrhunderte wurde er der einflußreichste Lehrer eines asketischen Lebens. Um den ständigen Kampf gegen die sinnlichen Leidenschaften und Begierden bestehen zu können, empfiehlt er, auf die Ehe ganz zu verzichten und preist das Gelübde der Jungfräulichkeit (Hom. in Num. 24,2). Vor allem in der kirchengeschichtlichen Entwicklung und in den kirchenrechtlichen Sammlungen schlägt sich sein

---

15 *Bauer,* a.a.O. 237.

16 Paed. III 4,26; der wirkliche Eunuche ist nicht der, der nicht Gefallen haben kann, sondern nicht Gefallen haben will. Dieser Gedanke, daß Eunuche nicht Kastrat, sondern Eheloser bedeutet, wird später immer wieder aufgegriffen.

17 Strom. III 7,59; vgl. III 6,50.

18 Hist. Eccl. VI 8,1.2.

19 Vgl. seinen Kommentar zum Matthäusevangelium (tom. XV 1–5).

20 Vgl. *Bauer,* a.a.O. 238f, der eine Reihe von ähnlichen Beispielen aufzählt. Dazu auch *Altaner/Stuiber,* a.a.O. 221–227. – Die Kirche hat die dritte Aussage von Mt 19,12 zu keiner Zeit im wörtlichen Sinne verstanden. *Chrysostomus* hat den sich selbst Entmannenden einem Selbstmörder gleichgesetzt; die Synoden von Nicea und Arles II haben die Selbstkastration untersagt. Sekten, welche die Selbstentmannung praktizierten, wurden indiziert (z.B. die Valesier im 4. Jahrh.); siehe dazu bei *C. Daniel,* a.a.O. 362f (Anm. 21.22.23).

Einfluß nieder. Besonders ist hier an die Canones apost. 21–23 des *Konzils von Nicäa* (325) und an den Canon 7 der 2. *Synode von Arles* zu denken. Es wird zwar nicht immer Mt 19,12 als Begründung angeführt; „beobachten wir aber, wie die Kirchenväter von Origenes an wieder und wieder gegen die eifern, denen ein falsches Verständnis der Matthäusstelle das Messer in die Hand drückt, so wird man schwerlich geneigt sein, den Vers von aller Schuld freizusprechen."[21] Aber auch das Verständnis des älteren Origenes hat Nachfolger gefunden (von denen einige die zweite Gruppe aus Mt 19,12 als Menschen interpretierten, die durch Lehre und Forderung von Menschen zur Ehelosigkeit genötigt worden seien[22]). *Gregor von Nazianz* führt (in der Rede 37 [die einzige von 45 Reden, die sich mit einem evangelischen Text beschäftigt]) zu Mt 19,1–12 aus, daß die Aussagen über die Eunuchen nicht wörtlich zu verstehen seien: die „vom Mutterschoß an" sind solche, die von Natur aus zum Guten neigen; die von Menschen zu Eunuchen Gemachten sind solche, die durch das ihnen verkündete Wort von den Leidenschaften gereinigt werden; die Eunuchen um des Himmelreiches willen schließlich sind die, welche ohne jede Unterweisung sich selbst aus freien Stücken dem Einfluß des Wortes ausgeliefert haben.[23] Nach *Theophylakt*[24] besteht die zweite Gruppe aus Menschen, die sich aufgrund menschlicher Belehrung für die Enthaltsamkeit entscheiden, während der sich selbst zum Eunuchen Machende einer ist, der kraft eigener Initiative unterrichtet ist und sich freiwillig der Besonnenheit zuwendet. *Hieronymus*, der die absolute Irrtumslosigkeit der Schrift betont, auch wenn er nicht eine Verbal-, sondern die Realinspiration vertritt, läßt alle drei Gruppen in uneigentlichem Sinne gelten: Mt 19,12 nenne 1. die kalten Naturen, 2. die von der Philosophie gewonnenen, durch Götzendienst zur Entsagung Bestimmten oder von Häretikern Überredeten, 3. diejenigen, die (obgleich sie Männer sein könnten) um Christi willen „Eunuchen" werden.[25]

Es zeigt sich, daß bezüglich der dritten Gruppe in Mt 19,12 ein wörtliches Verständnis nur von einer Minorität vertreten worden ist. „Die überwältigende Mehrheit hat sie stets auf die geschlechtlich Enthaltsamen, die Jüngfräulichen, die Mönche bezogen."[26] Unter den Gründen, die gegen

---

[21] *Bauer*, a.a.O. 239f.

[22] So *Basilius von Ancyra*, De virginitate 57.

[23] Vgl. bei *Bauer*, a.a.O. 240f.

[24] Enarr. in Evg. Matth. z.St.; doch schöpft er in seinen Kommentaren meistens aus seinen Vorgängern (vor allem aus Joh. Chrysostomus).

[25] Comm. in Matth. III 19; vgl. auch Comm. in Jes XV 56.

[26] *Bauer*, a.a.O. 241.

eine buchstäbliche und reale Interpretation der dritten Gruppe aufgeführt werden, treten immer wieder zwei besonders deutlich in den Vordergrund: 1. Jesus lobt die dritte Gruppe; lobenswert kann aber nur eine besondere Anstrengung des menschlichen Willens sein. 2. Da eine Selbstverstümmelung einen Menschen Gott nicht näher bringt, müssen die Eunuchen um des Himmelsreiches willen im geistigen Sinne verstanden werden; denn die Sünde hat in Wahrheit ihren Sitz im Herzen des Menschen. Nicht ganz eindeutig ist das Verständnis der ersten beiden Gruppen; doch ist von vielen Auslegern die Auffassung des *Hieronymus*[27] geteilt worden: Dreifach ist die Art der Eunuchen, fleischlich die der beiden ersten, geistig die der dritten. Die Interpretation des *Origenes* dagegen fand in späterer Zeit immer weniger Beachtung.

„Abschließend muß konstatiert werden, daß Mt 19,12 überhaupt nur selten begegnet."[28] Dies gilt auch für die Schriften mit ausgesprochen asketischer Tendenz; aber auch zur Begründung des Zölibats wird Mt 19,12 kaum verwertet. Nach *W. Bauer*[29] scheint für diese Zurückhaltung ein gewisses Unbehagen gegenüber dem Eunuchenspruch als einem Jesuslogion verantwortlich gewesen zu sein; zum andern erkläre sich die Zurückhaltung bis zu einem gewissen Grad aus der Furcht, ein verderblicher Wahn könnte neuen Auftrieb erhalten. Vor allem aber: „Man konnte dem Wort eine Deutung geben, die den jungfräulichen Stand nicht nur für den besseren, sondern für den allein berechtigten ansah."[30] Um die Ehe als göttliche Einrichtung zu respektieren, mußte die Überbetonung der Jungfräulichkeit vermieden werden; die Aussage: „Der es fassen kann, fasse es" (Mt 19,12d) hat man in diesem Sinne herangezogen und gedeutet. Im weiteren Verlauf der Exegesegeschichte wurde die aufgezeigte traditionelle Auslegung immer wieder aufgegriffen, so daß eigenständige Auslegungen kaum zu registrieren sind.[31] Diese Tatsache setzt sich auch fort bei den Kommentatoren des Mittelalters[32]; sie sehen ihre Aufgabe bei der Auslegung des Eunuchenspruches gelöst, „wenn die Ansichten der Väter mehr oder weniger vollständig gebucht waren".[33] Andererseits hat die Wertschätzung des ehelosen Lebens zunehmend an Boden gewonnen.

---

[27] Vgl. auch *Gregor von Nazianz,* Orat. 37,16.
[28] *Bauer,* a.a.O. 243.
[29] A.a.O. 243f.
[30] A.a.O. 244.
[31] In den meisten Fällen – so *W. Bauer* – dürfte literarische Abhängigkeit vorliegen.
[32] Z.B. *Beda Venerabilis, Walahfrid Strabo, Thomas von Aquin.*
[33] *Bauer,* a.a.O. 244. – Daß – unabhängig von Mt 19,12 – das Thema „Jungfräulichkeit" in der theologischen Literatur von Anfang an einen breiten Raum

Für die Kirchen sowohl des Ostens als auch des Westens kann für das 2. und 3. Jahrhundert eine hohe Achtung vor der Ehelosigkeit konstatiert werden. So forderte für die Kirche des Westens eine spanische Synode, die zu Beginn des 4. Jahrhunderts in Elvira tagte, die Ehelosigkeit für den höheren Klerus.[34] Wegen der zu strengen Forderung(en) wurde diese Verordnung (selbst in Spanien) kaum befolgt. Erst einer Synode in Rom unter Papst Siricius[35] war, vor allem in den Kirchen Nordafrikas, größerer Erfolg beschieden. 390 machte die zweite Synode von Karthago unter Bischof Genethlius den Zölibat zum Gesetz; die 6. Synode in Karthago von 401 unter Bischof Aurelius endlich „schärfte die Ehelosigkeit des höheren Klerus unter Verhängung von Strafen von neuem ein".[36]
Die Entwicklung in der Kirche des Ostens verlief anders. Die Synode von Neocaesarea 314 hatte bestimmt, daß keiner nach Empfang der höheren Weihen eine Ehe eingehen dürfe. An dieser Bestimmung änderte auch nichts die Reichssynode von Nicäa 325, auf welcher der Antrag zur Diskussion gestanden haben soll, den höheren Klerus generell zur Ehelosigkeit zu verpflichten.[37]
Die theologische Begründung für die Ehelosigkeit war nicht einheitlich. Der frühchristliche Enthusiasmus, der aufgrund von Mt 19,12 die Praxis des ehelosen Lebens verteidigte, trat schon im 2. Jahrhundert zurück; nur hie und da versuchten einzelne Gruppen (z.B. die Montanisten) diese asketische Einstellung zu erneuern; doch war diesen Erweckungsbewegungen kein nachhaltiger Erfolg beschieden. Von entscheidender Bedeutung für die theologische Begründung der Ehelosigkeit und einer zölibatären Lebensform war die Überzeugung, daß Paulus in 1 Kor 7,32–35 den geistlichen Stand meine, dem vor allem die Sorge um die Sache des Herrn und damit die Ehelosigkeit zukomme. „Bis auf den heutigen Tag ist kein Schriftwort zur Begründung des Zölibats und zu seiner Rechtfertigung so oft herangezogen worden, wie des Paulus Wort vom Wert des Unverheiratetseins um des Eifers für die Sache des Herrn willen."[38]

---

einnimmt, dazu vgl. *A. Auer*, Jungfräulichkeit: Handb. theol. Grundbegr. I 771–777. Doch geht es Mt 19,12 nicht um Jungfräulichkeit, sondern um Ehelosigkeit.

[34] Siehe *B. Kötting*, Der Zölibat in der alten Kirche (Schriften d. Gesellsch. z. Förd. d. Univ. Münster 61), Münster 1968, 14.

[35] *Kötting*, a.a.O. 14f.

[36] *Kötting*, a.a.O. 15.

[37] *Kötting*, a.a.O. 15.

[38] *Kötting*, a.a.O. 22.

IV. Zur jüngeren Auslegungsgeschichte

1. 1921 hatte *R. H. Charles* sich zum ersten Mal ausführlicher mit Mt 19,10–12 befaßt.[1] Der in den drei Versen zusammengefaßte Dialog vollzieht sich nach seiner Meinung zwischen Jesus und seinen Jüngern. Da nach Mk 10,10 der V. 9 in Mt 19 zu einem Gespräch „im Haus" gehört, ist Mt 19,10–12 ursprünglich einem anderen Kontext zuzuordnen, der Aussagen über Selbstverleugnung um des Himmelreiches willen enthielt und möglicherweise den Verzicht auf die Ehe einschloß.[2] Dieser Verzicht gilt jedoch nur für wenige, denen es gegeben ist. Der Ausdruck „dieses Wort" V. 11 kann sich also nicht auf die vorausgehenden Verse (2–9) beziehen.[3] Daß es sich dabei um einen Zusatz handelt, zeigt auch die redaktionelle Tätigkeit des Matthäus. Zwei Gründe sprechen scheinbar für ein Zusammengehören von 19,2–9 und 19,10–12: 1. die augenscheinliche Affinität zwischen den Stoffen der zwei Perikopen; 2. das Schlüsselwort „Sache, Ursache" (aitia), das beide Perikopen einleitet (V. 3 und V. 10). Doch der Schein trügt: „aitia" hat im V. 3 und V. 10 eine je andere Bedeutung.[4] Außerdem hat der Eunuchenspruch sachlich nichts mit dem Thema „Ehescheidung" in 19,2–9 zu tun. Die VV. 10–12 sind also nach *Charles* für sich zu interpretieren.[5]

2. Eine andere Meinung vertritt *P. Ketter* in seinen „Bemerkungen zu Mt 19,10–12".[6] Er deutet und versteht 19,10–12 im Zusammenhang mit 19,2–9. Bei der Auslegung von 19,10–12 geht er von V. 12 aus und legt den exegetischen Schwerpunkt auf den dritten Teil des Eunuchenspruchs („Eunuchen, die sich selbst zu Eunuchen gemacht haben"). Jesus unterscheidet zwei Gruppen von Eunuchen: Die beiden ersten Gruppen seien wörtlich, die dritte dagegen bildlich zu verstehen. „Aus all dem ergibt sich

---

[1] *R. H. Charles,* The Teaching of the New Testament on Divorce, London 1921 (Chapt. II, S. 35–38). – Zur neueren Auslegungsgeschichte vgl. noch *Th. Matura,* a.a.O. 39–45, der die Untersuchungen vorstellt, „that have appeared over the last twenty-five years" (39).

[2] A.a.O. unter Hinweis auf Lk 14,26; 18,29.

[3] *Charles* folgt hier *A. H. M'Neile,* The Gospel According to St. Matthew, London 1915 (repr. 1961), 275f.

[4] V. 3: Ursache; V. 10: Fall (wahrscheinlich ein „Latinismus", vgl. Mt 12,14; 22,15; 27,1.7; 28,12).

[5] Vgl. die Zusammenfassung a.a.O. S. 116–120.

[6] *P. Ketter,* „Nicht alle fassen dieses Wort". Bemerkungen zu Mt 19,10–12, in: Pastor bonus 48 (1938) 311–323.

mit Notwendigkeit, daß Jesus bei der dritten Gruppe der Eunuchen nur solche im Auge hatte, die freiwillig und für immer um des Himmelreiches willen auf jede Aktivierung ihrer geschlechtlichen Anlage verzichten, ohne aber durch einen naturwidrigen Eingriff aus dem freigewählten je einen gewaltsam herbeigeführten und hinterher physisch unabänderlichen Verzicht zu machen."[7] Aufgrund des eigentlichen Vergleichspunktes „dauernd" (die beiden ersten Gruppen sind ebenfalls Enuchen „für immer") ergibt sich somit der „dauernde" Verzicht um des Reiches Gottes willen.
Eine Verbindung von „dieses Wort" (V. 11) mit dem folgenden V. 12 lehnt *Ketter* ab. Bezieht dann Matthäus möglicherweise „dieses Wort" auf V. 10 (= Wort der Jünger)?[8] *Ketter* lehnt auch diese Möglichkeit ab; denn das Wort der Jünger sei zu banal, als daß es über das menschliche Fassungsvermögen hinausginge, und es nütze nichts, in dem Worte Jesu eine stillschweigende Umdeutung des banalen Jüngerwortes zu sehen[9]. Dies gehe schon deswegen nicht, weil sonst Jesus seine Worte über die Ehe zum Schluß buchstäblich wieder aufheben würde. *Ketter* verbindet also den V. 11 mit den VV. 2–9 und bezieht ihn „namentlich auf die Worte des 9. Verses."[10] Es tritt also „bei unserer Erklärung die gesamte Perikope Mt 19,3–12 als geschlossene Einheit hervor".[11] V. 11 bezieht sich somit auf die Ehe, V. 12 dagegen auf die Jungfräulichkeit: Zur Ehe gehört ebenso Beruf und Standesgnade wie zum jungfräulichen Leben.

3. Eine sachkundige Studie zu Mt 19,10–12 hat *J. Blinzler* vorgelegt.[12] *Blinzler* gliedert seine Ausführungen wie folgt:

1. Die Quellenlage.
2. Der Sinn des Logions 19,12 abc.
3. Die Frage der Zugehörigkeit von V. 11 und V. 12d zum Logion.
4. Der historische Ort des Logions.

Das Stück mit dem Eunuchenspruch stammt wohl aus „Q", Lukas hätte

---

[7] A.a.O. 319.
[8] So schon *E. Klostermann*, Das Matthäusevangelium (HNT 4), Tübingen 1919.
[9] So mit *W. C. Allen*, Matthew (ICC), Edinburgh 1912, 205; vgl. dessen paraphrasierende Wiedergabe von V. 11.
[10] A.a.O. 319.
[11] A.a.O. 319; Mt 19,10–12 ist nach *Ketter* Fortführung der Jüngerbelehrung „im Hause" (vgl. Mk 10,10–12).
[12] *J. Blinzler*, Εἰσὶν εὐνοῦχοι. Zur Auslegung von Mt 19,12, in: ZNW 48 (1957) 254–270.

es dann als „ungriechisch bzw. mißverständlich“ übergangen; möglicherweise entstammt es aber auch einer Sonderquelle.[13] Die kontextliche Verknüpfung ist somit Werk des Evangelisten.

Einmütigkeit besteht nach *Blinzler* bei den Auslegern darüber, daß gewissen Menschen der freiwillige Verzicht auf die Ehe empfohlen wird. Grundsätzlich seien die beiden „ersten Eunuchen“ wörtlich gemeint. „Man wird nicht behaupten können, daß diese Erklärung etwas enthält, was dem Denken und Lehren Jesu fremd genannt werden müßte, aber es fragt sich, ob damit der eigentliche Sinn des Logions getroffen ist“[14]; denn nicht von Unverheirateten spricht das Logion, sondern von Eunuchen, Entmannten (das Wort habe für die jüdische wie griechische Welt keinen guten Klang). Das aber heißt: „Nicht von der Ehelosigkeit, sondern von der Eheuntauglichkeit handelt das Logion.“[15] „In dem Jesuswort 12ab sind also nur die Fälle physischer Eunuchie, diese aber erschöpfend, aufgezählt.“[16]

Zur dritten und entscheidenden Gruppe (= V. 12c) sagt *Blinzler:* „Wohl fehlt... jedes Wort, das die Tat dieser dritten Gruppe loben oder empfehlen würde ...“; doch der Zusatz „um des Himmelreiches willen“ bedeutet eine positive Wertung. „Der Hinweis auf das Gottesreichmotiv jedoch mußte dieses wörtliche Verständnis wenn auch nicht als schlechthin unmöglich, so doch wenigstens als fragwürdig erscheinen lassen...“[17] V. 11 und 12d waren „beide zusammen“ ursprünglich nicht mit dem Logion verbunden. Aber gehörte wenigstens einer der beiden Verse zum Logion? *Blinzler* zählt V. 11 als ursprünglich zum Logion gehörig und gibt dazu folgende Begründung:

1. V. 11 weise semitische Färbung auf (Umschreibung des Gottesnamens).
2. In V. 11 sei lediglich eine Feststellung, nicht aber eine Aufforderung wie in V. 12d enthalten.
3. Die Aussage V. 11 scheine ursprünglich den Platz von 12d eingenommen zu haben[18]. Darauf weise besonders „dieses Wort“ in V. 11 hin; es passe nicht zu V. 10 oder V. 9, sei also ein Anzeichen dafür,

[13] Die Annahme einer Sonderquelle verdient nach *Blinzler* den Vorzug, a.a.O. 254f.
[14] A.a.O. 256.
[15] A.a.O. 258.
[16] A.a.O. 258. Diese zweifache Aufzählung war damals bei den Rabbinen in der Tat geläufig. War sie aber auch „erschöpfend“?
[17] A.a.O. 259.
[18] Dafür beruft sich *Blinzler* auf *P. Ketter*, a.a.O. 317.

daß V. 11 ursprünglich seinen Platz hinter V. 12c gehabt habe. Daraus ergibt sich: Matthäus wurde angeregt durch Mk 10,10; dann aber hat er V. 11 vorgezogen und den Eunuchenspruch angehängt. Schließlich bildete er in Anlehnung an 11,15; 13,9.43 ein neues Schlußwort.[19]

Was die Frage nach dem „Sitz im Leben" des Eunuchenspruchs betrifft, habe man entweder Jesus Vorwürfe gemacht wegen seiner (faktischen) Ehelosigkeit oder Jesus und seine Jünger als „Eunuchen" beschimpft. Denn (so argumentiert *Blinzler*): „Sehr gut begreiflich dagegen ist eine Verwendung dieses harten Wortes, wenn er damit einen von seinen Kritikern gebrauchten Ausdruck aufnimmt."[20]

Eine wörtliche Deutung der dritten Gruppe scheide aus, so daß der Artikel βασιλεία von *K. L. Schmidt* (ThWNT I) bei der Interpretation von Mt 19,10–12 sicher einen falschen Weg weise. Kategorisch erklärt *Blinzler*: „Jede Form der wörtlichen Deutung von 12c scheitert an der Tatsache, daß es zur Zeit Jesu und vorher Fälle von physischer Selbstentmannung ‚um des Himmelreiches willen' nicht gegeben haben kann."[21]

Denn Jesus sagt (und auf den Text kommt es an):

εἰσίν = es leben (jetzt) einige;

εὐνούχισαν = Aorist (sie haben es getan);

εὐν. ἑαυτούς = sich selbst, also freiwillig.

Aufgrund dieser grammatikalischen Erwägungen folgert *Blinzler:* „Dieser einmalige Akt der Vergangenheit dürfte zusammenfallen mit dem Eintritt in die unmittelbare und dauernde Nachfolge Jesu"[22]; statt „wegen des Himmelreiches" hätte Jesus auch sagen können „meinetwegen".

4. Interessant ist der Deutungsversuch von *J. Dupont*[23]: Die VV. 11–12 enthalten eine „rätselhafte Antwort". Hauptproblem ist dabei: Worauf bezieht sich „cette parole" in V. 11?

---

[19] Vgl. noch a.a.O. Anm. 41 und *Blinzlers* Kritik an der Zölibatsinterpretation Anm. 42.

[20] A.a.O. 269.

[21] A.a.O. 261.

[22] A.a.O. 261; *Blinzler* betont, daß die Eunuchen mit dem Text Mk 12,25 par. nichts zu tun hätten („Denn wenn sie aus Toten auferstehen werden: weder heiraten sie, noch werden sie geheiratet – sondern sie sind wie Engel in den Himmeln").

[23] *J. Dupont,* Mariage et divorce dans l'Evangile. Matthieu 19,3–12 et parallèles, Bruges 1959, 161–220.

4.1 Es gibt nach *Dupont* auf diese Frage mehrere mögliche Antworten.

a) „Ein Wort wie das, welches folgt, können nur die verstehen, ... denen es gegeben ist" (vertreten von *J. Schmid*, Mt 280; *J. Schniewind*, Mt 204; *E. Lohmeyer*, Mt 283; *S. E. Johnson*, Mt 482[24]). Da dann aber im Griechischen eine Partikel (nämlich ὅτι) stehen müßte, diese aber fehlt, scheide diese Deutung aus[25]. Das „denn" in V. 12 erkläre die Bestätigung von V. 11, begründe aber nicht das „Wort". „Dieses Wort" stelle nicht eine Verbindung her mit dem folgenden Eunuchenspruch, sondern mit dem vorausgehenden Text. *J. Weiß*, Schriften d. NT I 328, ziehe sich aus der „Affäre", indem er das Demonstrativprogramm τοῦτον (= dieses [scl. Wort]) unterdrücke, das in der Tat in einigen Handschriften fehlt.[26] *J. Blinzler*[27] komme zur selben Konstruktion, allerdings auf komplizierterem Wege: In der Quelle sei V. 11 auf den Eunuchenspruch gefolgt, dann von Matthäus umgestellt worden. Diese Umstellung aber sei dem Matthäus kaum zur Ehre gereicht: „La solution de Blinzler est une solution de désespoir."[28]

b) *T. W. Manson*[29], der eine These von *A. H. M'Neile*[30] und anderen aufgegriffen hatte, betone, daß die VV. 11–12 weder eine Parallele bei Markus haben, noch sich gut an das Vorausgehende anschließen. *Manson* glaubt deshalb, daß in den VV. 10–12 der Schluß eines verlorengegangen Stückes zu sehen ist. In diesem Sinne sei dann das οὕτως (V. 10) und τὸν λόγον τοῦτον (V. 11) auf ein (verlorengegangenes) Wort der Jünger (als Antwort in einer Diskussion) zu beziehen.[31] Demgegenüber betont *Dupont*: Nur eine Rückbeziehung auf das Vorausgegangene komme in Frage; dabei scheide der Bezug auf die VV. 4–5 aus. Angesprochen sei also nur die Überlegung der Jünger V. 10 oder die Erklärung Jesu V. 9. Im ersten Falle geht es um den „Zölibat", der schwer zu verstehen sei, im zweiten um die Unauflöslichkeit der Ehe.

---

[24] In: The Interpreter's Bible, VII, New York-Nashville 1951.

[25] *Dupont*, a.a.O. 162 beruft sich dafür auf *P. Ketter* (a.a.O. 317) und *Blaß-Debrunner* (§ 290 und § 394).

[26] Siehe die textkrit. Angaben in NTG z.St.

[27] A.a.O. 264–267.

[28] A.a.O. 164.

[29] The Sayings of Jesus, London 1949, 214–216.

[30] Matthew, London 1915, 275. Vgl. *E. Hirsch*, Frühgeschichte II, 1941, 309f.

[31] So *M'Neile*, a.a.O. 275. – Auch diese Lösung bezeichnet *Dupont* als eine „solution désespérée": 165f.

c) *Dupont* erwähnt den Zölibat als mögliche Interpretation. Diese Lösung hätten schon die alten Exegeten vertreten und finde sich auch bei den meisten modernen Auslegern. Der Zölibat sei einer Ehe vorzuziehen, wenn man sich angesichts des Reiches Gottes zu entscheiden habe. *Dupont* beruft sich u. a. auf *W. C. Allen*, Matthew (ICC) 205[32].

d) Denke man dagegen an die Möglichkeit, daß von der Unauflöslichkeit der Ehe die Rede sei, läge eine Beziehung zu V. 9 vor: Ehescheidung wird grundsätzlich verboten. So habe z. B. schon *Lagrange*, Mt 371 diese Deutung nicht ganz ausgeschlossen, obwohl er die Zölibatslösung vorgezogen habe.[33] Hauptvertreter dieser Lösung ist *Th. Zahn;* ihm haben sich angeschlossen *P. Vogt*[34], *P. Ketter*[35].

4.2 Zur Rechtfertigung dieser Interpretation (Eheuntauglichkeit nach Ehescheidung) weist *Dupont* auf zwei Beobachtungen hin: auf die „Überlegung" der Jünger (V. 10 sei Redaktion) und auf die Notwendigkeit des „Begreifens" (χωρεῖν = „comprendre"). Die Forderung des „Reiches" sei also bestimmend für das Verständnis des Eunuchenspruchs. Der Stil ist der eines „mashal", eines Vergleichs, eines Sprichworts. Das Interesse richtet sich auf den letzten Punkt der Dreiergruppe. „Eunuche" ist also nicht in je gleichem Sinne gemeint und die dritte Gruppe unterscheidet sich von den vorausgehenden. Vor allem das Präsens εἰσίν habe schon *Blinzler* zurecht hervorgehoben[36]: Es gibt schon (im Leben Jesu, in der Gemeinde) diese Gruppe. Doch könne man dies aus dem Präsens allein nicht folgern; es entspreche weitgehend dem Stil der Spruchliteratur (Prov 11,24; 13,7; Eccl 8,14). Ebenso bezeichne der Aorist (von „sich entmannen") nicht „einen abgeschlossenen Akt in Bezug auf den Redenden, sondern in Bezug auf die Situation."[37] Vor allem wird durch den Zusatz „Reich Gottes" die dritte Gruppe aus dem Bereich eines wörtlichen Verständnisses herausgehoben. Jesus geht es nicht um einen physischen Eingriff, sondern um seelische Disposition: „eunuques par le coeur". Gegen *J. Schmid* (ein moralischer Wert liege nur bei der dritten Gruppe

---

[32] Richtig ist: VV. 10–12 handeln in der Tat von der Ehelosigkeit; aber dieses Thema wird in V. 10 noch nicht deutlich angesprochen. Zur Kritik vgl. *Blinzler*, a.a.O. 265 Anm. 41.

[33] Vgl. *Allen* a.a.O.: „weniger wahrscheinlich".

[34] Das Ehegesetz Jesu. Eine exegetisch-kanonistische Untersuchung von Mt 19,3–12; 5,27–32; Mk 10,1–12 und Lk 16,18, Freiburg 1936, 7–10.110-121.

[35] A.a.O. 319–323.

[36] A.a.O. 261. Vgl. auch *H. J. Holtzmann*, Mt 268; *Lagrange*, Mt 371 f.

[37] A.a.O. 193.

vor, die sich selbst zu Eunuchen gemacht und freiwillig auf die Ehe verzichtet hatte) behauptet *Dupont*, es sei an Eunuchen gedacht, denen es unmöglich sei, den Akt der Fortpflanzung zu vollziehen[38]; es handle sich direkt um einen physiologischen Mangel[39]. Das Wort beziehe sich also nicht auf den Zölibat, auf die Ehelosigkeit, sondern auf die Eheunfähigkeit: Wiederheirat nach einer Ehescheidung sei unmöglich. Wer einmal seine Frau entlassen hat, kann nicht eine andere Frau heiraten, ohne Ehebruch zu begehen; er muß leben, als wäre er von nun an ein Eunuche. Warum aber wurde ein so anstößiger Begriff gewählt? Das Logion sei Antwort auf Kritiken, die etwa gelautet haben: Jesus und (oder) seine Jünger seien Eunuchen (so schon *Blinzler)*.

5. *H. Baltensweiler*[40] hat sich ebenfalls zu Mt 19,10–12 geäußert. Er ist der Überzeugung, daß die beiden ersten Gruppen gemäß der jüdisch-rabbinischen Einteilung über „von Natur Verschnittene“ und „von Menschen Verschnittene“ sprechen[41]. Ob diese Einteilung „durchaus geläufig“ war, müsse man allerdings bezweifeln; denn einen Verschnittenen von Natur aus gibt es nicht. Es gibt nur den von Natur aus zur Ehe Untauglichen, und zwar aus verschiedenen (medizinischen) Gründen. D.h. aber: die ersten Eunuchen sind solche, die von Geburt an eheuntauglich sind, und aus diesem Grunde auf die Ehe verzichten müssen. Die zweite Gruppe von Eunuchen sind solche, die von anderen eheunfähig und eheuntauglich[42] gemacht worden sind und aus diesem Grunde ehelos bleiben müssen. Wenn dann *Baltensweiler* allerdings folgert, daß mit der „Unfruchtbarkeit“ automatisch die angeborene Eunuchie als Strafe Gottes ausgedrückt worden sei, muß er für diese Behauptung den Beweis schuldig bleiben. Bezüglich der dritten Gruppe habe Jesus sagen wollen, daß es Menschen gäbe, bei denen die Freude über das Reich Gottes und das Überwältigtsein von der Botschaft so groß waren, daß sie gar nicht mehr heiraten „konnten“; das Himmelreich habe sie so vollständig „absorbiert“, daß sie zur Ehe nicht mehr taugen.
Die Ausdrucksweise von *Baltensweiler* ist unscharf und mißverständlich.

---

[38] Es habe auch verheiratete Eunuchen gegeben.

[39] So auch *Blinzler*, a.a.O. 255ff.

[40] *H. Baltensweiler*, Die Ehe im Neuen Testament. Exegetische Untersuchung über Ehe, Ehelosigkeit und Ehescheidung (AThANT 52), Zürich-Stuttgart 1967, 102–110.

[41] So schon *Blinzler*, a.a.O. 258.

[42] Die beiden Adjektive bedeuten: unfähig zu einer erfüllten Ehe, mit Nachwuchs also.

Etwa wenn er schreibt: Jesus „sagt, daß es auch solche gäbe, die sich selbst wegen des Himmelreiches verschnitten haben."[43] Die gewählten Begriffe sind häufig ungeeignet, um die im Zusammenhang der Rede über Ehelosigkeit gemeinte Sache auszudrücken. Außerdem steht im griechischen Matthäus-Text zwar das Verbum εὐνουχίζω (2×), aber als „hapax legomenon", das also erst erklärt werden muß[44].
Baltensweiler zieht schließlich die Konsequenz: Die Frage, ob die ersten beiden Gruppen wörtlich zu verstehen sind, die dritte aber in übertragenem Sinne, stellt sich gar nicht. Nicht nach der Verschneidung ist gefragt, sondern nach dem Ehewillen. Dieser ist zweimal unfreiwillig, im dritten Fall jedoch freiwillig.

6. *Constantin Daniel* untersuchte das Verhältnis zwischen Essenern und Eunuchen[45], um das Problem des Eunuchenspruchs zu lösen. Christus „spricht von den Essenern – ohne jeden Zweifel – in dem berühmten Rätselwort von den Eunuchen in Mt 19,10–12. . ." Gemeint ist nach dem Wortlaut: Diejenigen, die gut daran tun, nicht zu heiraten, haben recht; denn sie können leichter das Reich erben und gerettet werden.[46] „Aber wenn das der Sinn der Worte der Apostel ist, dann bedeutet dies, daß sie auf diejenigen der Juden anspielen, die nicht heiraten, d. h. auf die Essener".[47] Die Meinung der Apostel enthält somit eine Anspielung auf die Essener. „Wenn unter ihnen (= den Eunuchen) die Essener verstanden sind, dann versichern die Apostel nachdrücklich, daß die essenische Lehre der Ehelosigkeit sehr ‚nützlich' für den Menschen ist, um gerettet zu werden". Dieser Auffassung tritt Jesus entgegen: „In der Antwort aber ist Christus nicht der Meinung der Apostel; denn die These der Apostel, es ist nicht nützlich, verheiratet zu sein, ist nicht richtig für *alle*, die nicht verheiratet sind, sondern die Ehelosigkeit ist nur nützlich für gewisse, für die es eine von Gott verliehene Gnade bewirkt".[48]

---

[43] A.a.O. 105.
[44] Der Hinweis – bei *Baltensweiler* und anderen –, daß die altchristliche Auslegung die dritte Aussage oft im wörtlichen, körperlichen Sinne verstanden habe, besagt noch nicht alles über den Sinn des ntl. Sprachgebrauchs.
[45] Esséniens et Eunuques (Matthieu 19,10–12), in: RQum 6 (1968) 353–390.
[46] A.a.O. 355. *Daniel* setzt also „stillschweigend" voraus, es gehe um das „leichter" des Gerettetwerdens; ferner präsumiert er, die Essener hätten nicht geheiratet.
[47] A.a.O. 356. Zu beachten ist, daß *Daniel* Formgeschichte und Redaktionsgeschichte nicht weiter berücksichtigt.
[48] A.a.O. 357, Hervorhebung von *Daniel*.

Während also die Apostel grundsätzlich alle, die unverheiratet sind, als besonders begünstigt für das Reich Gottes ansehen, unterscheide Christus genau zwischen drei Gruppen. Die Frage lautet nun: In welche Gruppe reiht Jesus die Essener ein? Nach *Daniel* muß konstatiert werden, daß die Essener zu den beiden ersten Gruppen gehören müssen. Zur Begründung führt er aus: „Die Apostel sprechen nicht vom besonderen Fall des Kastraten, des wirklichen Eunuchen. . ., also muß auch Jesus in Bezug auf den Unverheirateten antworten." Eunuche ist demnach im übertragenen Sinne zu verstehen: „Es ist sehr wahrscheinlich, daß Christus den Terminus ‚Eunuche' anwendet im gleichen Sinne wie der Prophet Isaias und daß er seinen Aposteln mit einem implizierten Zitat aus Isaias antwortet, wo das Wort ‚Eunuche' Eheloser bedeutet."[49] Was nun meint die Aussage „von Geburt an"? Gemeint sind nicht wirkliche Kastraten, denn nach Aussage der Urologen gibt es praktisch keinen, der von Geburt an „ohne Zeugungsorgane" ist.[50] Aber auch die organisch Verunstalteten seien nicht gemeint, da diese oft heiraten. „Daraus folgt, daß der Terminus ‚Eunuche' hier – für Christus – den Sinn haben muß, den er in Is 56,4 und in Sap 3,14 hat, also den, den er logischerweise haben muß, weil die Apostel Christus eine Frage gestellt hatten, die sich auf unverheiratete Männer bezog."[51] Die „Unfähigkeit" aufgrund eines „angeborenen" Mangels bezieht sich somit nicht auf physiologische, sondern psychologische Mängel.[52] Diese „Eunuchen" haben natürlich kein persönliches Verdienst betreffend ihrer Ehelosigkeit; erst die Eunuchen, die sich selbst dazu gemacht haben, sind Unverheiratete auf freiwilliger Basis.
Welches sind dann die Eunuchen, die von den Menschen zu solchen gemacht wurden? εὐνουχίζω kann einen dreifachen Sinn haben:

1. „physischer" Akt (Kastration durch Menschen);
2. „moralischer" Akt (Ehelosigkeit aufgrund erfolgter Überredungskunst durch andere);
3. sowohl „physischer" als auch „moralischer" Akt.

Im Falle 2 würde Jesus die Essener meinen: „Es handelt sich also, in den Worten Christi, um Leute, die ‚gleich, ähnlich' den Eunuchen durch die Menschen zu solchen gemacht wurden, d. h. durch ihre Lehre; es ist also

---

[49] A.a.O. 358.

[50] Doch hängt Eheunfähigkeit nicht nur von dem Mangel der genannten Organe ab, was *Daniel* übersieht.

[51] A.a.O. 361.

[52] Genannt werden: „geistiger Schwachsinn, psychopathische Persönlichkeit, Schizophrenie, Autismus, Charakterstörung etc.", a.a.O. 362.

von den Essenern die Rede"[53]. Sie haben sich nicht einer Kastration unterzogen, sondern sie leben „wie Eunuchen, ohne Frau und ohne Kinder, infolge einer Lehre von Menschen. . ."[54] Das heißt also, daß Christus nicht von Kastrierten spricht, sondern von solchen, die „gleich wie", „ähnlich wie" Eunuchen sind. Und die das „veranlaßt haben, sind keine kriminellen Kastrierer, sondern jüdische Sektierer, die ihre Schüler lehren, nicht zu heiraten".[55] Jesus habe also – wie auch Paulus – die Essener gemeint, welche den (menschlichen) Rat gaben, unverheiratet zu bleiben. Auch bei den Rabbinen sei ja der „Eunuch von Geburt" kein wirklicher Eunuche; es handelt sich ebenfalls um „eunuchenähnliche" Menschen, d.h.: die Rabbinen wenden den Begriff „Eunuchen" metaphorisch an. Die Rabbinen verstehen also weder „den Eunuchen von Anfang an", noch den „zum Eunuchen gemachten" im wörtlichen Sinne. Also sind auch im Jesuslogion die beiden ersten Gruppen nicht im wörtlichen Sinne gemeint.

7. Im gleichen Jahr hat *Q. Quesnell* in einem umfangreichen Aufsatz zum Eunuchenproblem im Matthäusevangelium Stellung genommen.[56] Einleitend erinnert *Quesnell* an die 1959 von *J. Dupont* vorgetragene These, nach der sich der Eunuchenspruch auf die in Mt 19,9 erwähnten Personen beziehe, welche, nachdem sie ihre Frauen wegen Unzucht entlassen hatten, keine andere Frau heiraten durften, ohne Ehebruch zu begehen[57]. *Quesnell* bedauert, daß die Deutung von *J. Dupont* „keinen großen Eindruck auf die Matthäus-Forschung gemacht" habe. „Most of the major commentaries and studies published since 1959 simply do not mention it."[58] Anschließend setzt sich *Quesnell* mit den gegen *Dupont* vorgebrachten Argumenten auseinander[59]. Sorgfältig prüft er die Probleme, die mit dem Eunuchenspruch gegeben sind[60], um sich dann dem „True Flow of Thought" zuzuwenden[61]. Er kommt zu dem Ergebnis, daß der Deutungsvorschlag von *Dupont* ernst zu nehmen ist, d.h. „daß der

---

53 A.a.O. 364.
54 A.a.O. 368.
55 A.a.O. 372.
56 *Q. Quesnell*, „Made Themselves Eunuchs for the Kingdom of Heaven" (Mt 19,12), in: CBQ 30 (1968) 335–358.
57 *Quesnell*, a.a.O. 335.
58 A.a.O. 335; in der beigefügten Anm. 2 zählt er Autoren auf, welche die Untersuchungen *Dupont's* nicht einmal erwähnen.
59 Vgl. die a.a.O. Anm. 9 aufgezählten Besprechungen zu *J. Dupont.*
60 A.a.O. 340–346.
61 A.a.O. 346f.

Eunuchenspruch nicht ein Ruf in die Ehelosigkeit sei, sondern eine herausfordernde Formulierung über den Stand eines Mannes, der seine Frau aufgrund von ‚porneia' entlassen hat."[62] *Quesnell* bemüht sich, alle Gegenargumente aus dem Weg zu räumen; methodisch ist dabei sein Vorgehen nicht unbedingt überzeugend. Doch bleibt er konsequent bei seiner These: Der Mann bleibt an die Frau gebunden, auch nachdem er sie entlassen hat. „To continue this loyal and perfect love, even when the love is not returned, is effectively to make oneself a eunuch, a person incapable of marriage for the rest of one's life."[63]

8. *H. Hübner* hat vor allem die Möglichkeit einer Annahme des „Zölibats" im Eunuchenspruch untersucht.[64] *C. Daniel* hatte ja die These vertreten, im Eunuchenspruch seien Essener gemeint; denn die darin aufgezeigte Situation entspreche den Gepflogenheiten bei den Essenern. *Hübner* verfolgt ebenfalls dieses Problem, ohne allerdings auf *C. Daniel* einzugehen[65]. Er stellt die Frage, ob in Qumran die von *E. Stauffer* getadelte moralistische Kleingeistigkeit zu Hause gewesen sei, da die Männer in ihrer Siedlung am Toten Meer in Ehelosigkeit lebten? Zwingen die Angaben bei Josephus, Philo und Plinius über die Essener, „die Schriften von Qumran als Schriften an Männer zu verstehen, die aus religiösen Gründen ehelos lebten?"[66]
Ein erster Blick in die nichtbiblischen Qumrantexte[67] ergibt, daß darin von Ehelosigkeit nicht die Rede ist. Wie steht es aber mit der Gemeinderegel (1 QS)? Auch in dieser Schrift wird – so *Hübner* – die Forderung der Ehelosigkeit nicht direkt erhoben; doch stelle sich in der Tat die Frage, „ob 1 QS eine Schrift für ehelos lebende oder für verheiratete Männer ist".[68] *Hübner* stellt dazu zunächst (mehr negativ) fest:

a) Es fällt die „gegensätzliche Argumentation e silentio" auf[69]: Israel kannte nicht die Ehelosigkeit; es kannte vielmehr das „Wachset und mehret euch!"[70]

---

[62] A.a.O. 346.
[63] A.a.O. 358.
[64] *H. Hübner*, Zölibat in Qumran?, in: NTS 17 (1970/71) 153–167.
[65] Der Aufsatz von *Daniel* wird bei *Hübner* überhaupt nicht erwähnt.
[66] A.a.O. 153.
[67] Damaskusschrift, Kriegsrolle, Hymnenrolle.
[68] A.a.O. 154.
[69] A.a.O. 154ff. In diesem Sinne auch *R. K. Harrison*, The Dead Sea Scrolls, London 1961, 144 Anm. 50; *J. Maier*, Texte II, 10, u.a.
[70] Gen 1,28. Gerade in Qumran stand ja der Toragehorsam im Vordergrund, somit auch das Ernstnehmen dieser Gen-Stelle.

b) Konnte vielleicht Gen 1,28 „zeitlich begrenzt" verstanden werden? Doch bleibe man auch hier im rein Hypothetischen.

c) Die Anwesenheit von Frauen und Kindern wird ausdrücklich erwähnt: 1 QSa I,4; 1 QSa I,9f; 1 QS IV,7[71].

Es ist also wichtig, daß die Gemeinschaftsregel ausdrücklich von Frauen und Kindern spricht. Allerdings unterscheidet sich der Personenkreis von 1 QSa deutlich von dem in 1 QS[72]. Wenn auch 1 QSa nicht zur Lösung der Frage herangezogen werden darf, bleibt dennoch die Tatsache der Anwesenheit von Kindern und Frauen bestehen. Wie steht es um die „Fruchtbarkeit des Samens" in 1 QS IV,7?[73] Literarkritisch sei zu beachten, daß der Kontext 1 QS III,13–IV,26 eine Hinzufügung darstellt. *Hübner* kommt zu dem Ergebnis: „Wir stellen fest: Weder die Ergänzung ‚Frauen und Kinder' für 1 QS I,1 noch die Erwähnung von Frauen und Kindern in 1 QSa I noch der Begriff ‚Fruchtbarkeit des Samens' in 1 QS IV,7 noch die Frauengräber auf den Seitenfriedhöfen in Qumran sind zwingende Beweise gegen den Zölibat in Qumran."[74]
Hübner fragt dann nach möglichen Gründen, die für ein Verheiratetsein der Qumranfrommen sprechen.

a) Wie ist die Exklusivität in Qumran zu verstehen? Man könnte formulieren: „Extra yahad nulla salus."[75] Mit dieser Exklusivität stellt sich aber das Problem des Nachwuchses; eine Ehelosigkeit dürfte – zumindest für den Anfang – nicht in Frage gekommen sein. Ein Zölibat könnte dann erst für spätere Zeit angenommen werden.

b) Ein Zölibat ist auch nicht anzunehmen, wenn man die Frage nach dem Priesternachwuchs in Qumran stellt. Doch: „Eine wirklich überzeugende Antwort auf die Frage nach dem Priesternachwuchs in Qumran ist nicht möglich."[76]

---

[71] Wahrscheinlich habe auch die „nur teilweise erhaltene Zeile 1 von 1 QS I ursprünglich auch von Frauen und Kindern gesprochen" (a.a.O. 157). Ferner habe man in Qumran Frauenskelette gefunden, was zumindest auf die Mitgliedschaft von Frauen hinweise.

[72] A.a.O. 158; 1 QSa meine die ganze Gemeinde Israels in der Spätzeit, 1 QS jedoch nur den engeren Kreis um Qumran.

[73] *J. Maier* verweist dazu auf aethHen X, 17: a.a.O. II, 20.

[74] A.a.O. 161.

[75] A.a.O. 162.

[76] A.a.O. 164.

c) Das Fragment 4 QpPs 37[77] spricht von den „in der Wüste Umkehrenden". Gemeint sind die „Kloster"-Bewohner von Qumran. Es heißt im Kontext: „. . . und ihrem Samen in Ewigkeit". Gemeint sind unzweideutig Nachkommen. „Sicher dürfte demnach dieser Kommentar zu Ps 37 zu einer Zeit geschrieben sein, da außerhalb der Siedlung von Qumran noch keine Essener lebten. Dann aber wäre der Zölibat für Qumran tödlich gewesen!"[78]
Wie aber sind dann die antiken Berichte über die Ehelosigkeit der Qumranleute zu bewerten? Könnte es sein, daß die kultische Unreinheit des Alten Testaments (Ex 19,15; 1 Sam 21, 5; Lev 15,18) übertragen wurde auf bestimmte Qumranfromme, denen eine „kultisch bedingte Kontinenz"[79] auferlegt war? Es würde sich dann um einen kultisch bedingten Zölibat handeln. Hier kann die Damaskusschrift weiterhelfen. Dort findet sich ausführlich Sabbat-halachot, verbunden mit einer Vorschrift auf geschlechtliche Enthaltung am Sabbat (CD XII,1). Daraus würde sich ergeben, „daß in Qumran für den Sabbat der eheliche Geschlechtsverkehr verboten war, und zwar aus kultischen Gründen. Wir hätten in der Tat kultische Kontinenz als gegeben anzusehen, aber nur eine zeitlich eingegrenzte Kontinenz."[80] Von da aus wäre es denkbar, daß einige Mitglieder des „yahad" die zeitlich beschränkte Enthaltsamkeit zu einer dauernden ausweiteten. Unwahrscheinlich aber ist, daß die ganze Gemeinde zölibatär lebte. Dann aber ist zu erkennen, „daß Mt XIX,12 in keiner Weise jene im Neuen Testament überwundene kultische Anschauung von rein und unrein (Mk VII,15!; Mk II,27!) repristiniert, die für Qumran konstitutiv war."[81] In diesem Punkt (neben vielen anderen) übernimmt das Neue Testament keineswegs den Geist von Qumran.

9. Zuletzt hat *A. Kretzer* sich mit Mt 19,10–12 näher befaßt[82]. Er untersucht den Eunuchenspruch in Verbindung mit der matthäischen Unzuchts- oder Ehebruchsklausel in der Absicht festzustellen, ob Matthäus nur verschiedene Traditionen „wahllos" in sein Evangelium aufgenommen hat, oder aber ein bestimmtes „Grundanliegen" zur Sprache bringen will.

---

77 Veröffentlicht von *H. Stegemann,* in RQum 6 (1968) 193ff.
78 A.a.O 166; denn 1 QpPs 37 sei wegen der yahad-Aussage zu 1 QS zu zählen.
79 *J. Maier,* II,10.
80 A.a.O. 167.
81 A.a.O 167.
82 Die Frage: Ehe auf Dauer und ihre mögliche Trennung nach Mt 19,3–12, in: Bibl. Randbemerkungen (FS R. Schnackenburg), Würzburg 1974, 218–230.

Die grundsätzliche Haltung des ersten Evangelisten richtet sich gegen jede Ehescheidung; nur im Falle von πορνεία[83] darf die eheliche Gemeinschaft aufgegeben werden. Ein nur gesetzliches Denken will Matthäus ausschalten; der ganze Mensch wird aufgerufen, zu der Schöpfungsordnung zurückzukehren. Behält er dieses Denken auch in den VV. 10–12 bei, oder führt er dort einen neuen Gedanken ein, den der Ehelosigkeit? Nach *Kretzer* wird auch in den VV. 10–12 das Thema „Ehe auf Dauer" beibehalten, allerdings unter dem neuen Vorzeichen: Scheu vor einer Ehe.[84] Auf diese Schwierigkeit konzentriert sich die Jüngerfrage V. 10.[85] Und die „folgende Antwort Jesu (V. 11) kann sich sinnvollerweise nur auf das vorher Gesagte. . . beziehen."[86] Jesus spricht davon, daß nicht alle eine so hohe Auffassung von der Ehe auf Dauer verstehen können. Der „Geschenkcharakter" der Ehe weist auf eine Gabe, „die nicht ohne weiteres allen zuteil wird, die freilich das menschliche Zutun nicht aus-, sondern einschließt"[87]. Jesus will also den Jüngern, die meinen, es sei nichts Gutes zu heiraten, klarmachen, daß ein Verständnis für die „Idealauffassung der Ehe" Geschenk Gottes ist, das aber nicht allen zuteil wird. Zu diesem Zweck zählt er „drei Gruppen von Eheunfähigen" auf; ihnen ist das rechte Verständnis „für eine solch hohe Eheauffassung" nicht gegeben.[88] Die dritte Gruppe ist keineswegs im übertragenen Sinne zu verstehen, wenngleich zu ihr Menschen gehören, die aus höheren, religiösen Gründen gehandelt haben. *Kretzer* schließt damit seine Überlegungen ab; er nennt zwar noch Fragen, die sich aus 19,10–12 ergeben, die aber von dem knappen Text her nicht zu beantworten seien. Sein Resümee: „Matthäus geht es demnach nicht um die Frage der Ehelosigkeit, sondern um das zentrale Problem der Ehewirklichkeit als einer Ideal- und Zielgemeinschaft. . ."[89]

Der auslegungsgeschichtliche Überblick zeigt, daß gerade bei dem Bemühen, den Eunuchenspruch für sich und im Kontext zu deuten, Sorgfalt und Mühe aufgewendet worden ist. Es zeigte sich vor allem, daß die

---

[83] *Kretzer* versteht darunter „andauernde Untreue": a.a.O. 220.
[84] A.a.O. 223.
[85] *Kretzer* verweist auf die sprachliche Form der Verneinung: Dann ist es nicht gut zu heiraten.
[86] A.a.O. 224 gegen *Blinzler,* der V. 11 auf V. 10 beziehe.
[87] A.a.O. 224. Um seine These zu stützen, verweist *Kretzer* auf Mt 19,16–26 und 13,11.
[88] A.a.O. 226; nach *Kretzer* ist es auch der dritten Gruppe „nicht gegeben".
[89] A.a.O. 229.

Schwierigkeiten des Verstehens der Text selbst bietet; da er faktisch ohne Parallelen dasteht, also aus sich gedeutet werden muß, besteht das Problem nach wie vor in der Frage, ob es möglich ist, mit den dem Exegeten zur Verfügung stehenden methodischen Mitteln eine Antwort zu finden, die überzeugt. Doch wird man gleich hinzufügen müssen: Es scheint fraglich zu sein, ob alle Schwierigkeiten plausibel aus dem Weg geräumt werden können.

V. Analyse und Exegese von Mt 19,10–12

1. DER ZUSAMMENHANG

1.1 *Der weitere Zusammenhang*

Mt 19,1 stellt eine redaktionelle Zäsur dar: Jesus beendet sein Wirken in Galiläa und begibt sich in das Gebiet von Judäa, jenseits des Jordans. Durch diesen Ortswechsel markiert Matthäus in Anlehnung an Markus ein zweifaches:

a) der Aufenthalt und die Predigttätigkeit im Norden ist zu Ende, ein zweiter und entscheidender Abschnitt im Leben Jesu spielt sich von nun an im Süden, in Judäa, ab;

b) die Kap. 19–27 bringen die Zuspitzung des Konflikts Jesu mit den Pharisäern, sie treten 19,3 als erste nach seiner Ankunft im Süden in versucherischer Absicht auf. Der Konflikt endet mit dem Tod Jesu; dieses Ende aber bedeutet nach Matthäus das Schuldigwerden Israels und damit den Anfang des Konflikts der Jüngergemeinde mit Israel.

19,1a ist Abschluß der Gemeinderede 18,1–35. Nach 18,1 sind die Adressaten die Jünger Jesu und zugleich die Christen der Matthäusgemeinde. In verschiedenen Überlieferungsstücken, die Matthäus zu einer Redekomposition[1] vereinigt hat, wird die Gemeinde unterwiesen, wie sie angesichts des Himmelreiches (18,1) den Gemeindealltag bewältigen kann. Trotz des formelhaften Redeschlusses[2] setzt sich die Gemeindeparänese auch in Kap. 19 fort. Man muß also auch 19,1–12 im Kontext der Gemeindebelehrung sehen und zu deuten versuchen.

1.2 *Der nähere Kontext*

Kap. 19 bildet sachlich keine in sich geschlossene Einheit. Nach dem „Streitgespräch“ mit den Pharisäern über die Ehe mit anschließender Jüngerbelehrung (19,3–12) folgt die Segnung der Kinder mit dem Kinder-

---

[1] Es handelt sich um die vierte der fünf großen Redekompositionen bei Mt: 5,1–7,29 (Bergrede); 10,5–11,1 (Sendungsrede); 13,1–52 (Gleichnisrede); 18,1–35 (Gemeinderede); 24,1–25,46 (Parusierede).

[2] „Als Jesus diese Worte beendet hatte“; vgl. noch 7,28a; 11,1; 13,53; 26,1.

spruch (19,13–15); es schließt sich das Gespräch über den Reichtum als Hindernis für die Nachfolge an (19,16–22), dem eine Jüngerbelehrung mit dem Thema: Die Preisgabe des irdischen Besitzes „um meines Namens willen" als Voraussetzung für den Erwerb des ewigen Lebens folgt (19,23–30). Kap. 20 enthält ebenfalls verschiedene Themen; erst ab Kap. 21 (mit dem Einzug Jesu in Jerusalem) wird die Thematik straffer; sie ist jetzt konsequent auf den Gedanken des Todes, des Gerichts und der Entscheidung hingeordnet.

Die Adressaten sind Kap. 19 zunächst ganz allgemein die „Scharen" (19,2), dann aber – wie Kap. 18 – nur noch die Jünger (19,10.13.23.25), was wiederum auf einen von Matthäus beabsichtigten Zusammenhang der beiden Kapitel hinweist. Zwar bietet auch Markus im Anschluß an 10,2–9 eine Jüngerbelehrung; doch die bei Matthäus tradierte Jüngerbelehrung ist von der des Markus sachlich verschieden. Vor allem ordnet Matthäus Kap. 18 und 19 unter dem zentralen Thema des „Himmelreichs" (18,1.3.4.23 und 19,12.14.23.24 [hier Reich Gottes in Anlehnung an Mk 10,25]). Das aber heißt, daß auch 19,3–12 Bezug nimmt auf die unter den Bedingungen des Himmelreichs stehende konkrete Gemeinde, wie dies schon in Kap. 18 der Fall ist.

1.3 *Das angesprochene Problem*

Die Perikope 19,3–9 behandelt das Thema: Ist es dem Manne erlaubt, seine Frau (aus jedem Grund) zu entlassen? Die Jüngerbelehrung 19,10–12 spricht von Ehelosigkeit, und zwar anscheinend wiederum in Bezug auf Männer.[3] In dieser sehr kurzen und gedrängten Perikope machen sich asketische Tendenzen bemerkbar, so daß nach der Bedeutung frühchristlicher Askese im Matthäusevangelium gefragt werden muß.[4] *Q. Quesnell*[5] hat diesem Aspekt besondere Aufmerksamkeit geschenkt. Er geht von der Beobachtung aus, daß im Matthäusevangelium in dieser Frage ein „statement" der Jünger durchweg korrigiert oder zurückgewiesen wird (8,19f.21f.25f; 18,1f.21f u.ö.; eine Ausnahme bilde 16,16f, wo allerdings das Petrusbekenntnis als „nichtpetrinisch" im

---

[3] Mit den „Menschen" V. 10 sind Männer, nicht Frauen angesprochen.

[4] Vgl. *G. Kretschmar*, Ein Beitrag zur Frage nach dem Ursprung frühchristlicher Askese, in: ZThK 61 (1964) 27–67; *K. Niederwimmer*, Askese und Mysterium. Über Ehe, Ehescheidung und Eheverzicht in den Anfängen des christlichen Glaubens (FRLANT 113), Göttingen 1975, 53–58.

[5] A.a.O. 344–346.

eigentlichen Sinne deklariert ist). Demnach kann die Anwort Jesu 19,11f nicht als Zustimmung und Anerkennung des Jüngereinwands V. 10 verstanden werden.

Die von den Jüngern gefolgerte Konsequenz wird abgelehnt, indem auf die asketische Lebensform des Eheverzichts verwiesen wird. Der entscheidende Unterschied ist der: Das Verbot, eine Frau zu entlassen und eine andere zu heiraten, ist (mit einer Ausnahme[6]) generell; der Verweis auf den freiwilligen Eheverzicht betrifft dagegen nur bestimmte Menschen. Die in der Matthäusgemeinde geübte Askese ist also nicht Rücksichtslosigkeit als Lebensprinzip.[7] Anders als andeutungsweise im Lukasevangelium wird die Ordnung der Ehe nicht abgewertet. Der Nachfolgespruch Mk 10,29 (par. Mt 19,29; Lk 18,29), der eine siebenfache Verzichtleistung fordert, wird von Matthäus inhaltlich fast unverändert übernommen[8]; Lukas dagegen hat „Frau“ hinzugefügt (außerdem hat er die Vorlage gestrafft und den Verzicht auf „Äcker“ weggelassen). Diese Hinzufügung ist nicht als Übernahme aus der Logientradition zu erklären, wie der Vergleich mit dem Nachfolgewort Mt 10,37 par. Lk 14,26, wo Lukas den Haß auch auf die Frau erwähnt, deutlich macht. Die Rekonstruktion dieses Logions stößt auf erhebliche Schwierigkeiten: es kann nur vermutet werden, daß die kurze Fassung bei Matthäus der ursprünglichen Form näher kommt als die längere bei Lukas, so daß also Lukas die Erwähnung der Frau hinzugefügt hat[9]. Andererseits hat Matthäus abgeschwächt, wenn er das „hassen“ durch ein „mehr lieben“ ersetzt und so das (ursprünglich konditional formulierte) Jesuswort[10] auch für die Gemeindeglieder, die schon Christen sind, annehmbar macht. Im Gleichnis vom Hochzeitsmahl des Königs, das aus der Logienquelle stammt (Mt 22,1–14; Lk 14,15–24; vgl. EvThom 64), liest Lk 14,20: „Eine Frau habe ich geheiratet und deshalb kann ich nicht kommen.“ Doch bietet auch hier Mt die ursprüngliche Fassung[11], sofern man davon ausgeht, daß den beiden Parabeln ein einheitlicher Q-Text zugrunde gelegen hat. Schließ-

---

[6] Vgl. *A. Sand,* Die Unzuchtsklausel in Mt 5,31.32 und 19,3–9, in: MThZ 20 (1969) 118–129.

[7] Noch weniger Enkratismus, also absolute Enthaltsamkeit von allen „weltlichen Freuden“.

[8] Haus steht im Plural, Mutter und Vater ist umgestellt, statt „um meinetwillen“ steht „um meines Namens willen“.

[9] Vgl. *S. Schulz,* Q. Die Spruchquelle der Evangelisten, Zürich 1972, 446–449, bes. 447.

[10] Vgl. EvThom 55 und 101.

[11] *Schulz,* a.a.O. 395.

lich ist noch die Perikope der Sadduzäerfrage nach der Auferstehung anzuführen. Entgegen der Mk-Vorlage unterscheidet Lukas zwei Gruppen von Menschen: Söhne „dieses Äons" (sonst nur noch Lk 16,8) und Söhne „jenes Äons" (Lk 20,34), kennt also eine Gruppe von Menschen, die nicht heiraten, noch verheiratet werden. Doch müssen beide Haltungen nicht im Sinne eines „Nebeneinander" verstanden werden, sondern sind wohl als einander folgende Lebensweisen zu verstehen; die Begründung in Lk 20,36 legt nahe, daß auch Lukas von Unverheirateten erst nach der Auferstehung spricht. Auf jeden Fall hat Matthäus (in Anlehnung an seine Vorlage) diese Zweiteilung nicht übernommen.

Matthäus hat also keinen asketischen Rigorismus in seiner Gemeindekatechese vertreten; vielmehr bietet er eine positive Einstellung zur Ehe, etwa wenn er 22,1–14 von der kommenden Basileia als einem Hochzeitsfest spricht (Lukas redet nur von einem Mahl: 14,15–24).[12] Die Matthäusgemeinde bleibt in dieser Hinsicht in der Jesus-Tradition; Jesus selbst war zwar unverheiratet, aber seinen Zeitgenossen erschien er (im Gegensatz zum Täufer) keineswegs als rigoristischer Asket (Mt 11,18f par. Lk 7,33f).[13] Die asketische Praxis Mt 19,10–12 dürfte somit dem Einfluß Jesu und eines darauf gründenden, entwickelten Nachfolge- und Nachahmungsbewußtseins zu verdanken sein; doch ist es unwahrscheinlich, daß sie einzig zurückgeht „auf den Stand charismatischer Propheten und Lehrer, die als Missionare im palästinensisch-syrischen Judentum wirkten und die dort noch innerhalb des jüdischen Volksverbandes lebenden Anhänger des Messias Jesus betreuten."[14] Der Ruf Jesu in die Nachfolge forderte Offenheit für das Himmelreich im umfassenden Sinne und schloß Verzichtleistungen ein, welche überkommene, gesetzmäßige Ordnungen außer Kraft setzten.

---

[12] Aus Mk 12,19 par. Lk 20,28 (wenn jemandes „Bruder" stirbt) die Möglichkeit herauslesen zu wollen, daß es Männer gab, die keine Frau hatten, ist Überinterpretation: gegen *Quesnell*, a.a.O. 345. – Zum Asketismus bei Lk vgl. *H. F. v. Campenhausen*, Die Askese im Urchristentum, in: Trad. und Leben, Tübingen 1960, 114–156.

[13] Vgl. *G. Kretschmar*, Ein Beitrag zur Frage nach dem Ursprung frühchristlicher Askese: ZThK 61 (1964) 27–67, bes. 28: „eigentliche Askese im Sinne eines geforderten Verzichtes auf die Güter der Welt" gab es nicht.

[14] Ders., a.a.O. 65

2. AUSLEGUNG

2.1 *Der Text Mt 19,10–12*

10 Es sagen ihm seine Jünger:
„Wenn so die Sache des Menschen mit der Frau ist, ist es nicht zuträglich zu heiraten."
11 Er aber sagte ihnen:
„Nicht alle fassen dieses Wort, sondern die, denen es gegeben ist.
12 (a) Denn es gibt Eunuchen, die aus dem Schoß der Mutter so geboren wurden,
(b) und es gibt Eunuchen, die zu Eunuchen gemacht wurden von den Menschen,
(c) und es gibt Eunuchen, die sich selbst zu Eunuchen gemacht haben wegen der Herrschaft der Himmel.
(d) Der es fassen kann, fasse es!"

Die drei Verse sind handschriftlich gut bezeugt und bieten textkritisch kaum Schwierigkeiten[15]. Das Personalpronomen V. 10 (αὐτοῦ) dürfte nicht zum ursprünglichen Text gehört haben. Auch das Demonstrativpronomen V. 11 (τοῦτον) ist nicht sicher überliefert, doch spricht die Mehrheit der Textzeugen für seine Ursprünglichkeit. V. 12 weist keine wichtigen Textvarianten auf (der Sinaiticus prima manus läßt das begründende γάρ weg).

2.2 *Das Thema von Mt 19,1b–12*

Unter dem Stichwort „Ehe" hat Matthäus drei verschiedene Gedanken verknüpft, die aus verschiedenen Traditionen kommen:

2.2.1 Der Rahmen 19,1b–2 entstammt der Mk-Vorlage (10,1) und findet sich auch bei Lukas, jedoch in anderem Zusammenhang (9,51). Von den 14 Wörtern in V. 1b bei Matthäus stimmen 9, von den 9 Wörtern in V. 2 bei Matthäus 4 mit Markus überein. Die schon bei Markus als Rahmenvers gestaltete Aufbruch-Aussage hat Matthäus übernommen, sie aber erweitert durch die Hervorhebung der „vielen" Volksscharen und ergänzt durch den Hinweis auf die Heilungstätigkeit Jesu.

---

[15] Vgl. *H. Zimmermann,* Neutestamentliche Methodenlehre. Darstellung der historisch-kritischen Methode. 7. Auflage, neubearbeitet von Klaus Kliesch, Stuttgart 1982, 101–104.239–244; ders., μὴ ἐπὶ πορνείᾳ 295–297.

2.2.2 Das „Streitgespräch“ über die Ehescheidung 19,3–9 hat seine Vorlage in Mk 10,2–12. Lukas hat es nicht aufgenommen, ein Grund dafür läßt sich nicht exakt angeben.[16] Die Übereinstimmung mit Markus ist groß, doch gibt es auch zahlreiche Unterschiede:

a) das Nachtragen des Mose-Zitates (Dtn 24,1);
b) die Hinzufügung der „Unzuchtsklausel“;
c) die Auffüllung des Mk-Textes;
d) die Einfügung der markinischen Jüngerbelehrung in die Auseinandersetzung mit den Phärisäern.

2.2.3 Die VV. 10 und 11a sind Sondergut und markieren deutlich den Übergang zu dem Eunuchenspruch V. 12. Die Antwort auf den Einwand der Jünger in den VV. 11b und 12 ist ebenfalls Sondergut, das ein Jesuslogion zum Inhalt hat. Es gliedert sich in drei Aussageaspekte:

a) in die indikativische Feststellung des Nichtverstehens (11b),
b) in den dreigliedrigen Eunuchenspruch (12abc),
c) in die paränetische Schlußmahnung (12d).

Bei V. 12abc dürfte es sich um ein authentisches Herrenwort handeln[17], V. 12d wird ursprünglich bereits mit dem Logion verbunden gewesen sein. Daß das Sondergut Mt 19,10–12 aus der Logienquelle stammt, ist unwahrscheinlich; für eine Begründung dieser Annahme ist nicht entscheidend, daß man sonst für Q „eindeutig asketische Tendenzen“ annehmen müßte[18], sondern das Faktum, daß der Spruch eine konkrete Situation der Matthäusgemeinde spiegelt.

---

[16] Möglicherweise hatte das zu sehr auf jüdische Verhältnisse zugespitzte Problem in der heidenchristlich geprägten Gemeinde des Lukas seine Bedeutung verloren; oder aber Lukas hat sich mit der Aussage 16,18 begnügt.

[17] Für die Authentizität des Eunuchenspruchs sprechen sich u. a. aus: *W. Grundmann*, Das Evangelium nach Matthäus, Berlin 1968, 429; *H. Braun*, Spätjüdisch-häretischer und frühchristlicher Radikalismus, Bd. 2, Tübingen 1957, 112 Anm. 3. Gegen eine Rückführung des Logions auf den historischen Jesus polemisiert vor allem *E. Stauffer*, Die Botschaft Jesu damals und heute (Dalp-Taschenbücher 333), Bern 1959, 78.

[18] *K. Niederwimmer*, a. Anm. 4 a.O. 54 Anm. 5.

2.3 *Zur Exegese der VV. 10f und 12d*

V. 10:

Auffallend ist die Eröffnung der Jüngerbelehrung; die Jünger treten unvermittelt, ohne Einführung als Gesprächspartner auf. Die Wendung „sie sagen ihm“ ist dagegen für Matthäus nicht ungewöhnlich (vgl. 9,28; 13,51; 15,33 u.ö.). Sie findet sich häufig im Sondergut (9,28; 13,51; 20,7 u.ö.) oder stellt eine Änderung der Mk-Vorlage dar (19,7; 20,22;20,33; 21,41). Die formelhafte Eröffnung macht deutlich, daß wir es mit Redaktion zu tun haben. Bestätigt wird dies durch die Präsensform: Während der Dialog mit den Pharisäern im Aorist eröffnet wird, markiert das Präsens V. 10 einen redaktionellen Neuansatz. Auch die Konstruktion „wenn es so ist“ ist typisch für Matthäus[19]. Das in dem Bedingungssatz enthaltene Entsetzen der Jünger wird eigens erwähnt in 19,25: „Als die Jünger (dies) hörten, gerieten sie außer sich . . .“[20] Das hinweisende „so, also“ ist ebenfalls Vorzugswort bei Matthäus[21] und läßt die Hand des Redaktors erkennen. αἰτία V. 10 hat nicht die gleiche Bedeutung wie V. 3; während V. 3 nach dem „Grund“ im Sinne von Anlaß, Motiv gefragt wird, spricht V. 10 von der „Sache“ im Sinne von Sachlage, Situation[22] und deutet ebenfalls auf einen redaktionellen Neuansatz hin. αἰτία im Sinne von „Sachlage“ bezieht sich auf die eheliche Beziehung zwischen Mann und Frau. Das mit diesem Verhältnis gegebene Problem wird in der Jüngerbelehrung aufgegriffen, nun aber unter einem neuen Gesichtspunkt. Bestimmend aber bleibt für den Eunuchenspruch, daß auch er eine Aussage über das Heiraten bzw. Nichtheiraten machen will. Nicht zuletzt wird dies bestätigt durch den Gebrauch von ἄνθρωπος. Schon 19,3 hatte Matthäus die Nennung des Mannes bei Markus (10,2) unterlassen und seine Frage bezüglich des „Erlaubnisträgers“ allgemein formuliert. Das zweimalige „Mensch“ (V. 5.6; so schon Mk 10,7.9) wird V. 10 aufgegriffen; der auf eine judenchristlich geprägte Gemeinde hin orientierte Redaktor des ersten Evangeliums verwendet hier nicht nur einen Hebraismus (vgl. 7,9; 8,27; 9,9; 10,35f u.ö.), sondern gebraucht den allgemeinen Begriff, weil er eine umfassende Aussage machen will:

---

[19] Vgl. 6,23; 7,11; 8,31; 10,25; 11,14.23 u.ö.

[20] Fast immer von Mk übernommen; nur 22,33 ist der Hinweis auf die Erregung der Scharen redaktionell.

[21] Mt 32mal, Mk 10mal, Lk (Evg) 21mal; vgl. *A. Sand*, Das Gesetz und die Propheten (BU 11), Regensburg 1974, 95–99.

[22] Mt 27,37 (s. Mk 15,26) liegt dagegen der Sinn von „Schuld“, „Verbrechen“ vor.

Nicht mehr nur der Mann in Beziehung zur Frau ist gemeint, sondern jeder Mann (Mensch) angesichts des Himmelreiches. Schließlich ist auch συμφέρω matthäisches Vorzugswort[23], das weder Markus noch Lukas (Evg.) verwenden. Das οὐ συμφέρει mit folgendem Infinitiv findet sich bei Matthäus nur hier (vgl. noch Joh 18,14) und hat den Sinn von „nützen". Nach 5,29f; 18,8f wird die Verstümmelung des Körpers gefordert, da dies „nützlicher" bzw. vorteilhafter und besser ist, um in das ewige Leben eingehen zu können. Würde der Vorbehalt der Jünger aus dem geforderten Eheverzicht V. 11 gewonnen, ergäbe sich für das „es ist nicht nützlich, es ist nicht zuträglich" der Sinn: „Wegen des Himmelreiches" ist es nicht zuträglich, zu heiraten. Tatsächlich jedoch ist V. 10 als redaktionelle Verklammerung mit dem Vorausgehenden zu verstehen, so daß sich der Einwand der Jünger auf die in den VV. 3–9 erwähnten Aussagen über die Ehe bezieht. Im Einwand der Jünger kommt also nicht eine Bevorzugung der Ehelosigkeit gegenüber dem Verheiratetsein zum Ausdruck, sondern eine Resignation gegenüber dem Postulat Jesu, die Fortdauer der einmal eingegangenen Ehe auch unter widrigen Voraussetzungen zu akzeptieren. Auch mit γαμεῖν (eine Ehe eingehen, sich verheiraten) knüpft die redaktionelle Anbindung der Jüngerbelehrung an das (Wieder-)Heiraten eines Menschen, der sich von seiner Frau getrennt hat, der Ehescheidungsperikope an. V. 10 muß also im ganzen als redaktionelle Verklammerung zweier sachlich verschiedener, aber thematisch verwandter und einander zugeordneter Aussagen verstanden werden.

V. 11:

„Er aber sagte ihnen" (Imperf.) ist traditionelle Einleitung einer direkten Rede[24] und begegnet häufig in Diskussionen und Auseinandersetzungen. Dies legt nahe, auch für den Eunuchenspruch als „Sitz im Leben" eine Diskussion, ein Streitgespräch oder eine Streitsituation anzunehmen.[25] „Nicht alle" (Plur.) findet sich nur hier (im Sing. steht die Formel noch 7,21) und deutet an, daß V. 11b möglicherweise Traditionsgut ist. Das Verbum χωρεῖν (fassen, fassen können) hat eine große Bedeutungsvielfalt. Es hängt ursprünglich mit χῶρα (Ort, Platz) zusammen und meint zunächst: Raum geben, Platz machen (Mk 2,2), dann: Platz haben. Von

---

[23] 5,29.30; 18,6; vgl. 18,8.9. Die Verklammerung von Kap. 18 und 19 wird auch dadurch deutlich.

[24] So schon in „Q" und bei Markus, häufig verstärkt durch das Partizip (Hebraismus).

[25] Vgl. 9,15; 11,4; 12,3.11; 13,52; 13,57 u. ö.

da gewinnt es die übertragene Bedeutung: „Raum haben, die Fähigkeit besitzen, Fassungskraft haben, fassen, erfassen"[26]. Matthäus verwendet es nur noch 15,17 (Auseinandersetzung über Rein und Unrein: 15,1–20)[27] in der Bedeutung: hineingelangen.
Da Matthäus das Verbum aus der Mk-Vorlage 2,2 gestrichen hat, da er es 15,17 in anderer Bedeutung als 19,10–12 gebraucht, ist zu schließen, daß die Aufforderung, das Logion zu „fassen", zu „verstehen", aus vormatthäischer Überlieferung stammt und möglicherweise ursprünglich bereits mit dem Eunuchenspruch verbunden war. Offen ist zunächst noch die Frage, ob der zweimalige Gebrauch (V. 11 und V. 12d) von Anfang an die Rahmung des Logions bildete.
Dieses „Wort" findet sich bei Mt 7,24.26.28 (jedesmal im Plur.); 19,1 (Plur.); 26,1 (Plur.); absolut und im Sing. steht es 13,20.21.22.23; 15,12b; 18,23 u.ö.; vor allem 15,12b bietet eine gute Interpretationshilfe: „das Wort" (mit Art.) ist nicht Hinweis auf einen Angriff gegen die Phasisäer, bzw. auf deren Überlieferung, sondern ist Verknüpfung mit V. 11 und bezieht die Einfügung der VV. 13.14 auf das V. 11 Gesagte.[28] Viel diskutiert wurde die Frage, worauf das Demonstrativpronomen zu beziehen ist: auf den unmittelbar vorausgehenden Vers („es ist nicht zuträglich zu heiraten"), auf die vorangehende Scheidungsperikope (bes. V. 9), auf den folgenden Eunuchenspruch (V. 12) oder aber auf einen nicht mehr erhaltenen Text, so daß „VV. 10–12 (is) the conclusion of a passage, and what preceded V. 10 is lost."[29] Die Annahme einer Beziehung auf einen verlorengegangenen Text bleibt hypothetisch. Auch der Versuch, durch Textumstellung diese crux interpretum aus dem Weg zu räumen, hilft nicht weiter. Zwar bot schon *Justin* (Apol. I 15) einen Text, der den V. 11b hinter V. 12 gestellt hatte, und *J. Blinzler* hat diese Möglichkeit ebenfalls ins Auge gefaßt.[30] Da aber die handschriftliche Überlieferung für die Beibehaltung des Demonstrativpronomens spricht und die vorliegende Textanordnung bestätigt, muß der Versuch einer Umstellung abgelehnt werden. Richtig ist also nur die Deutung, daß „dieses Wort" auf das Vorausgegangene verweist. Doch kann mit „diesem Wort" nicht der Einwand der Jünger V. 10 gemeint sein, weil dieser erst durch das οὕτως ἐστὶν ἡ αἰτία ausgelöst ist, welches das eigentliche Objekt des Nichtver-

---

26 Vgl. Mt 11,14: „etwas annehmen" (δέξασθαι).
27 In Abänderung der Mk-Vorlage, die nur „hineingehen" bietet.
28 Vgl. *R. Banks*, Jesus and the Law in the Synoptic Tradition (SNTS 28), Cambridge 1975, 142.
29 So *T. W. Manson*, The Sayings of Jesus, London 1964, 215.
30 Vgl. *Blinzler*, Justinus 45.55.

stehens markiert. „Dieses Wort“ richtet sich also entweder auf das „Entscheidungswort“ in V. 9 oder auf die ganze „Rede“ in VV. 3–9 oder aber auf die behandelte „Sache“ (außer gleichem Gebrauch in Mt 15,12b vgl. noch 19,22; 26,44; 28,15 in Abhebung von dem weiterreichenden Gebrauch in 7,28; 19,1 und 26,1 [jedesmal Plural]); denn möglicherweise entspricht λόγος dem hebräischen דבר (dābār), das sowohl „Wort“ als auch „Sache“ bedeuten kann. 19,10–12 ist also in Verbindung mit 19,3–9, vor allem mit V. 9 zu interpretieren.

Eindeutig spricht die Wendung „denen es gegeben ist“ für Mt-Redaktion, vgl. 10,19; 13,11 (2mal); alle drei Texte drücken eine von Gott verliehene „Befähigung zu etwas“ aus. Obwohl 13,11a das theologische Passiv der Mk-Vorlage entnommen ist, zeigt sich die Hand des Redaktors darin, daß er V. 11b das δέδοται ein zweites Mal hinzufügt. Der Sprachgebrauch in 19,11, sieht man von χωρεῖν ab, zeigt also typische Merkmale der redaktionellen Tätigkeit des ersten Evangelisten.

V. 12d:

Der dem Logion folgende Imperativ ist nicht redaktionelle Hinzufügung, sondern stammt aus der vormatthäischen Tradition; darauf hat die Analyse von χωρεῖν V. 11 bereits hingewiesen. Dazu kommt, daß ein so oder ähnlich formulierter Imperativ sich sonst bei Matthäus nicht findet. Gattungsgeschichtlich gehört er in die Reihe der Nachfolgesprüche, die ihren „Sitz im Leben“ in der prophetisch-charismatischen Eigenart der Wirksamkeit Jesu haben.[31] Der provozierende Charakter dieser Nachfolgesprüche ist „in gewissen Logien Jesu zu suchen, die wohl ebenfalls mit seinem Ruf in die Nachfolge in Verbindung stehen.“[32] Dieser Ruf hebt natürliche Bindungen (Mt 10,37 par. Lk 14,26) und die Pflicht der geforderten Pietät (Mt 8,21 f par. Lk 9,59f) für den Kairos des Anrufs auf. Der Imperativ V. 12d verändert die zunächst bloße Feststellung des „unjüdischsten aller Jesusworte“[33] in eine Weisung. *J. Blinzler*[34] hat – wie oben schon angemerkt wurde – vermutet, daß V. 11 ursprünglich seinen Platz hinter V. 12 gehabt habe; seine Folgerung resultierte nicht zuletzt

---

[31] Vgl. dazu *M. Hengel,* Nachfolge und Charisma. Eine exegetisch-religionsgeschichtliche Studie zu Mt 8,21f. und Jesu Ruf in die Nachfolge (BZNW 34), Berlin 1968 passim.

[32] *Hengel,* a.a.O. 14.

[33] *E. Neuhäusler,* Anspruch und Antwort Gottes. Zur Lehre von den Weisungen innerhalb der synoptischen Jesusverkündigung, Düsseldorf 1962, 86.

[34] A.a.O. 267 und ders., Justinus 55.

aus der Annahme, V. 11 habe sich nicht auf das Vorausgehende beziehen können. Doch ist nach dem bisher Gesagten das Postulat einer Umstellung überflüssig. Bereits in vormatthäischer Überlieferung war dem Jesuslogion von der Ehelosigkeit um des Himmelreiches willen der prophetische Aufforderungsspruch: „Der es fassen kann, fasse es!" angefügt worden (ob er wie der „Eunuchenspruch" auf Jesus selbst zurückgeht, muß unentschieden bleiben). Den die indikativische Aussage zu einer Forderung umgestaltenden Imperativ hat Matthäus dann zusätzlich nach V. 11 vorgezogen, um den Eunuchenspruch mit V. 9 zu verbinden und um die spezifische Eigenart dieses Logions für einen bestimmten Personenkreis bereits in der redaktionellen Überleitung V. 11 hervorzuheben. Die so erzielte Rahmung unterstreicht das Besondere und Einmalige des Eunuchenspruchs; er „vermeidet die Sprache des Gesetzes, weil er sich ja nicht an jeden Nachfolger und auch nicht an jeden aus dem engsten Jüngerkreis wenden will."[35]

2.4 *Zur Exegese von V. 12abc*

2.4.1 Der dreigliedrige Spruch in der Form eines numerischen Sprichwortes ist mit einem begründenden γάϱ an V. 11 angeschlossen, und zwar an das Logion insgesamt; denn die Aussage „nicht alle. . ., sondern die. . ." bildet eine innere Einheit. Objekt des Spruches sind „Eunuchen", die in drei Gruppen unterteilt und jeweils durch καί miteinander verbunden, zugleich aber voneinander getrennt werden. Jede Gruppe wird mit einem gnomischen εἰσίν (es gibt, da sind) „vorgestellt". Das dreimal erwähnte Subjekt „Eunuchen" ist Hapaxlegomenon im Matthäusevangelium[36]. V. 12b und c steht das Verbum εὐνουχίζω (V. 12b Aor. Pass.; V. 12c Aor. mit dem Reflexivpronomen), das Hapaxlegomenon nicht nur bei Matthäus, sondern im ganzen Neuen Testament ist. Die wörtliche Bedeutung des Wortstammes ist „Kastrat" bzw. „verschneiden, entmannen"; doch wird noch zu fragen sein, ob die wörtliche Bedeutung auch dem Eunuchenspruch zugrundeliegt.

Von der ersten Gruppe wird gesagt, daß es solche sind, „die aus dem Mutterschoß so geboren wurden". κοιλία in der Grundbedeutung

---

[35] *Neuhäusler* a.a.O. 87.

[36] Im NT begegnet „Eunuche" nur noch Apg 8,27.34.36.38.39 (= Taufe des äthiopischen Hofbeamten 8,26–40); hier dient „Eunuche" zur Charakterisierung eines unbekannten Heiden.

„Höhle, Bauch" meint zunächst den menschlichen Magen (Mk 7,19 par. Mt 15,17; 1 Kor 6,13 und Apk 10,9.10); die Mehrzahl der Vorkommen bezeichnet den „Mutterleib" (entweder absolut: Lk 2,21 u.ö. oder mit nachfolgendem Genitiv μητρός: Lk 1,15; Joh 3,4 u.ö.). Mit der Wendung ἐκ κ. wird ein zeitlicher Beginn im Sinne von „von Geburt an" angezeigt.[37] Die „Eunuchen von Geburt an" bilden eine Personengruppe, die sich sowohl von der Bezeichnung als auch von der sachlichen Bestimmung her im Matthäusevangelium nur hier findet. Gleiches gilt von der zweiten Gruppe: Es gibt Eunuchen, „die von den Menschen verschnitten wurden"[38]; auch diese Aussage hat weder bei Matthäus, noch sonst im Neuen Testament eine Parallele. Und schließlich ist auch die dritte Gruppe hinsichtlich der begrifflichen und sachlichen Aussage Sondergut des ersten Evangelisten.

2.4.2 Von den Personen der dritten Gruppe wird gesagt, daß sie sich „wegen des Himmelreiches" verschnitten, entmannt haben. Die Konstruktion διά mit Akk. (wegen, um... willen) findet sich bei Matthäus 33mal; dabei kann näherhin der Grund für ein bestimmtes Verhalten oder die Mitwirkung von Personen ausgedrückt werden[39]. Nach *A. T. Robertson*[40] ist die Grundbedeutung: „zweifach", dann „zwischen (zwei Dingen)", „durch" und vor allem „wegen". *F. Blass / A. Debrunner / F. Rehkopf*[41] erwähnen neben der lokalen vor allem die Bedeutung „wegen", sowohl für die Bestimmung des Grundes als auch des Zweckes; bei Angabe des Zweckes entspreche διά mit Akk. dem „klass. ἕνεκα". 19,12c will nun nicht das Ziel (bzw. den Zweck) angeben[42], sondern das Motiv, den Grund des Handelns.[43] Die Konstruktion διά mit dem Akk. von „Himmelreich" findet sich bei Matthäus nur 19,12c. Analoge Bildungen begegnen 10,22 (wegen meines Namens, vgl. 24,9), 13,21 (wegen des Wortes),[44] wo ebenfalls das Motiv angegeben wird. Die Bezeichnung des

---

[37] Vgl. *F. G. Untergaßmair*, κοιλία: EWNT I 745; die Wendung mit ἐκ begegnet fünfmal im NT: Mt 19,12; Lk 1,15; Apg 3,2; 14,8; Gal 1,15.

[38] ὑπό mit Genitiv nennt das Subjekt des Verbums.

[39] *L. Früchtel*, Griechische Grammatik, München (1947) [5]1959, 157 (= § 129,1).

[40] *A. T. Robertson*, A Grammar of the Greek New Testament ..., Nashville [4]1934, 580–584 (bes. 583f.).

[41] Grammatik des neutestamentlichen Griechisch, Göttingen [14]1976, § 222.

[42] So *J. Schmid*, Das Evangelium nach Matthäus (RNT 1), Regensburg [5]1965; *Dupont*, a.a.O. 200f; *Matura*, a.a.O. 41. *Blinzler*, (a.a.O. 261 Anm. 24) gibt der kausalen Bedeutung den Vorzug, schließt aber die finale nicht völlig aus.

[43] So zu Recht *Blinzler* a.a.O. 261 Anm. 24.

[44] Siehe auch Mt 13,58; 14,9; 15,3.6; 17,20 u.ö.

Motivs bei der dritten Gruppe ist nicht erst dem Endredaktor zuzuschreiben. Die Annahme ist berechtigt, daß ein ursprünglich zweigliedriger Eunuchenspruch, der einen ungewöhnlichen Ausnahmefall im menschlichen Leben festhielt, durch Jesus eine Erweiterung erfuhr, indem eine dritte Gruppe angefügt wurde, die aber aufgrund des Himmelreichmotivs von den beiden anderen deutlich abgehoben ist (das V. 12b mit V. 12c verbindende καί gewinnt dann mehr die Bedeutung von „aber", „aber auch"). Daß der hier zur Sprache kommende Eheverzicht um des Himmelreiches willen[45] von Jesus selbst proklamiert wurde, liegt vor allem in der von der Naherwartung geprägten prophetisch-asketischen Lebensweise Jesu begründet. „Die Jesustradition begründet solchen Verzicht mit dem Blick auf die demnächst hereinbrechende Königsherrschaft Gottes: um an ihr teilzunehmen und für sie frei zu sein, wird der Verzicht geübt."[46]

2.4.3 Ohne schon jetzt auf die Frage einzugehen, in welchem Sinn „Eunuche" hier gebraucht wird, ist zu fragen, ob die Bezeichnung für die drei Personengruppen gleiche oder verschiedene Bedeutung hat. *M. D. Goulder*[47] hat diesem Problem besondere Aufmerksamkeit geschenkt; Matthäus liebe den Dreierrhythmus bei Worten und die Anordnung von Dreifachsätzen.[48] Doch ist es notwendig, jeweils die Quellenlage zu berücksichtigen und zwischen Tradition und Redaktion sorgfältig zu unterscheiden. Das dreimalige „trinken" Mt 20,22f stammt aus Mk 10,38f; andererseits hat Matthäus 20,23 die Taufe aus Mk 10,39 weggelassen und so die ursprüngliche Dreifachaussage auf ein Doppelwort reduziert. Mk 4,24 („messen") findet sich auch Mt 7,2, jedoch ohne den unrhythmischen Schluß bei Markus; über Markus hinaus bietet Mt 7,2 noch einen zusätzlichen Dreierrhythmus („richten"), der aus der Logien-

---

[45] Die Tatsache, daß „Reich der Himmel" nur im Mt-Evangelium begegnet, „does not mean, that the Evangelist himself formulated each occurrence of this typical expression": *W. G. Thompson*, Matthew's Advice to a Divided Community. Mt 17,22–18,35 (Anal. Bibl. 44), Rom 1970, 74 und Anm. 22 (gegen *W. Trilling*, Das wahre Israel. Studien zur Theologie des Matthäusevangeliums [StANT 10], München ^{3}1964, 143.)

[46] *H. Braun*, Spätjüdisch-häretischer und frühchristlicher Radikalismus (Beitr. z. HistTheol. 24), Tübingen 1957, II 112 Anm. 3.

[47] *M. D. Goulder*, Midrasch and Lection in Matthew, London 1974, 70–92; zur Kritik an Goulder vgl. *D. M. Derrett*, in: HibJourn. 16 (1975) 51–56. Vgl. auch *J. C. Hawkins*, Horae Synopticae, London ^{2}1968, 165–167.

[48] Daneben kenne Matthäus aber auch den Vierfachrhythmus, sowie Dreifachanordnungen von Perikopen (s. 6,1–18: Almosen, Gebet, Fasten).

quelle stammt, dort aber nur als Zweifachrhythmus vorlag (vgl. Lk 6,37). Aus Q hat Matthäus ferner die zwei Dreifachrhythmen 13,17 (vgl. Lk 10,24) und 12,35 (vgl. Lk 6,45) übernommen, vgl. auch Mt 23,29 gegenüber Lk 11,42. Neben dem dreifachen Wortrhythmus kennt Matthäus den dreifachen Satzrhythmus: 5,29–30 und 18,8f (vgl. Mk 9,43–47); Mt 12,25f (vgl. Mk 3,24–26). Sondergut sind 7,22; 19,12; 23,8–10.20–22. Nebem dem Dreifachparallelismus 5,22 (Sondergut vom Schuldigsein gegenüber dem Bruder) kennt er im gleichen Kapitel einen vierfachen: 5,34–36. Wenn es nach dem Gesagten kaum möglich sein wird, zwischen Tradition und Redaktion exakt zu unterscheiden, wird man doch eine besondere Bevorzugung für Dreifachgruppierung bei Matthäus annehmen dürfen[49]. Aber es darf nicht übersehen werden, daß diese Bevorzugung auch schon in vormatthäischer Überlieferung begegnet, wann immer die Jüngerbelehrung in der Form des Midrasch erfolgte.[50] Mit Sicherheit läßt sich nur sagen, daß Dreiergruppierungen stets auf der gleichen Ebene abgehandelt werden, daß also der Parallelismus jeweils auf der gleichen Sachebene durchgeführt wird.[51] Für Mt 19,12abc ergibt sich somit, daß die drei Personengruppen in je gleicher Bedeutung zu interpretieren sind: Entweder alle in wörtlicher oder alle in übertragener Bedeutung.

3. ERGEBNIS

Aufgrund der Textanalyse ergibt sich als Sinn der drei Verse: Ein ursprünglich aus der Jesustradition stammender isoliert umlaufender Eunuchenspruch mit stark asketischer Tendenz wurde von Matthäus redaktionell an die Belehrung über Ehe und Ehescheidung angebunden; der sachliche Zusammenhang ist gegeben. Er resultiert aus dem übergeordneten Gedanken von der Ehe: Zunächst ausgedrückt unter dem Aspekt von Ehe und Ehescheidung, dann unter dem des Eheverzichts. V.10 hat die Aufgabe, diesen Zusammenhang herzustellen, zugleich aber zu der neuen Sachaussage überzuleiten. Dabei kommt dem Einwand der Jünger und dem οὐ συμφέρει die besondere Funktion zu, die Jüngerbe-

---

[49] „It still remains true that these numerical arrangements are decidedly characteristic of the First Gospel and especially of the portions of it which are devoted to the sayings of Jesus“: *Hawkins* a.a.O. 167.

[50] *Goulder's* Schlußfolgerung, daß alle nichtmarkinischen Textstellen „over all, Matthew's Midrash“ seien, ist nicht begründet (a.a.O. 475).

[51] 4,1–11: drei Versuchungen; 6,1–18: drei Darstellungen von Gerechtigkeit; 10,26.28.31: Fürchtet euch nicht!; 10,37f: ist meiner nicht würdig, u.ö.

lehrung von der allgemeinen Gemeindekatechese abzuheben, mit dem Hinweis auf die Unzuträglichkeit der strengen Eheanweisung auf die noch größere Herausforderung des Eheverzichts hinzuweisen und das mit „wer es fassen kann, fasse es" eingerahmte Eunuchenlogion als prophetischen Legitimationsspruch über das Verhalten einer bestimmten Gruppe „um des Himmelreiches willen" darzutun. Anbindung und Abhebung zusammen verleihen dem dreifach gegliederten Legitimationswort seinen spezifischen Charakter: Das Leben „wie ein Eunuche" wegen des Himmelreichs setzt die Fähigkeit des Hörens, die Bereitschaft zum Umdenken und den Mut zum Ärgernis voraus. Daß dies nicht von allen, sondern nur von einigen vollzogen und durchgehalten werden kann, drückt sich in der zweifachen Aufforderung zur kritischen Stellungnahme und sorgfältigen Prüfung aus und charakterisiert die theologische Besonderheit dieses Logions.

VI. Der religions- und zeitgeschichtliche Hintergrund

1. EUNUCH IM NEUTESTAMENTLICHEN SCHRIFTKORPUS

Von Eunuchen ist – wie bereits betont wurde – im Neuen Testament nur zweimal die Rede: Mt 19,12 (2mal das Vb., 3mal das Subst.) und Apg 8,26–40 (5mal das Subst.).[1] Apg 8 ist der Eunuch ein „Mann aus Äthiopien", der näherhin als „Hofbeamter" der Königin Kandake von Äthiopien vorgestellt wird; nach V. 27 war er „über ihren ganzen Schatz (eingesetzt)". Aufgrund dieser Bestimmungen ist anzunehmen, daß mit „Eunuch" nicht der Verschnittene im wörtlichen Sinne gemeint ist, sondern ein hoher Beamter in bevorzugter Position am Hof der äthiopischen Königin: ein Würdenträger in der Aufgabe eines Schatzmeisters. Möglicherweise war er unverheiratet, doch genaue Angaben macht der Text nicht. Es wird hervorgehoben, daß der Eunuch sich auf der Rückreise vom Gebet in Jerusalem befand; „neben der Jerusalemwallfahrt zeigt auch seine Lektüre, daß er ‚Sympathisant' der jüdischen Religion war."[2] Zusammen mit Mt 19,10–12 ist der Text Apg 8,26–40 das einzige literarische Zeugnis im neutestamentlichen Schriftkorpus über das tatsächliche Vorhandensein von Eunuchen, in welchem Sinne auch immer diese zu verstehen sein mögen. In der ironisch-sarkastischen Aussage Gal 5,12 hat ἀποκόπτειν ebenfalls die Bedeutung „entmannen"; doch wird nicht die reale Selbstentmannung angeraten, sondern es wird unter diesem Bild die Forderung der Beschneidungsleute als sinnlos dargestellt: Die die Beschneidung verlangen, welche im Widerspruch steht zu Glaube und Liebe (5,6), sollen auch die letzte Konsequenz ziehen und sich gleich ganz zerschneiden (vgl. Phil 3,2), ein Ansinnen, das jeden rechtgläubigen Juden wie eine blasphemische Zumutung treffen mußte. Der statistische Befund in den neutestamentlichen Schriften mahnt somit zur Vorsicht, wenn es um die Deutung des matthäischen Eunuchenspruchs geht.

---

[1] Vgl. dazu *J. A. Kleist,* a.a.O. 447–449; *G. Petzke,* εὐνοῦχος/εὐνουχίζω in: EWNT I 202–204.

[2] *G. Schneider,* Apostelgeschichte (HThK V 1), 504. Vgl. ferner *P. de Meester,* „Philippe et l'eunuque éthiopien" ou „Le baptême d'un pèlerin de Nubie"?, in: NRTh 113 (1981) 360–374.

2. ORIENTALISCH-HELLENISTISCHE SITTEN

Die Kastration lebender Wesen (der Tiere also und der Menschen) ist in der griechischen Welt ursprünglich unbekannt gewesen; sie begegnet zunächst nur im Orient. Dort ist der Eunuch einer, „der das Bett bewacht“ (vgl. εὐνή: Bett, Ehebett, Schlafzimmer), vorwiegend das der Prinzessinnen, die isoliert von der Außenwelt im fürstlichen Frauenhaus leben mußten. Vor allem aber waren die Eunuchen die Vertrauten der Oberen und standen nicht selten in hohen Staatsstellungen, ohne daß bei ihrer Erwähnung zugleich auch an den ursprünglichen Sinn des Wortes gedacht werden mußte. Wo sich griechische und orientalische Welt begegneten, machte sich auch im Hellenismus das Eunuchentum bemerkbar, vor allem in einigen kleinasiatischen Kulturen: Die Entmannung als kultischer Akt spielte dort eine Rolle, das Eunuchenpriestertum nahm zeitweise eine hervorragende Stellung ein. Das Motiv dürfte gewesen sein, sich einer Gottheit nicht nur seelisch-geistig, sondern auch physisch vorbehaltlos zu übergeben. Der Entmannung lag außerdem das Bewußtsein zugrunde, daß man erst durch physisch-asketischen Heroismus den Heiligkeitscharakter gewinnt, der zu bestimmten kultischen Funktionen legitimiert.

3. DAS ALTTESTAMENTLICHE VERBOT

Im Alten Testament ist die Kastration sowohl bei den opferfähigen Tieren (Lev 22,24[3]) als auch bei den Menschen (Dtn 23,2–9) verboten. Nach Gen 1,22.28 ist die Fortpflanzung des Menschen ausdrückliches Gebot Gottes und mit einem besonderen Segen versehen. Diese von Gott gewollte Ordnung darf nicht durch Verstümmelung der Zeugungsorgane gestört und behindert werden, sei es durch Selbstverstümmelung (wie sie im vorderasiatischen Kybelekult bekannt war), sei es aufgrund von Fremdeinwirkung. Auch für das rabbinische Judentum blieb die Kastrierung von Mensch und Vieh Übertretung eines ausdrücklichen Gottesgebotes (vgl. Bill. I 806f); Entmannung stand im völligen Widerspruch zu der auf die Mosetora zurückgeführten Eheauffassung der Rabbinen und wurde

---

[3] Der Text spricht von vier Arten der Kastration: zerquetschen, zerstoßen, abreißen, abschneiden. Der Kern des Abschnitts Lev 22,17–25 ist „in dem in V. 22–24a enthaltenen Katalog der körperlichen Abnormitäten zu sehen, die ein Tier für ein Opfer ungeeignet machen“: *M. Noth*, Das dritte Buch Mose (ATD 6), Göttingen 1962, 141.

deshalb strikt abgelehnt. Denn der Eunuch gleicht einem Bastard und ist wie dieser von der Gemeinde Jahwes ausgeschlossen (Dtn 23,3). Doch ist zu beachten, daß Dtn 23,2 gerade nicht der sonst übliche hebräische Terminus für Eunuch (סריס = sārîs) steht. Worauf sich das Verbot („Keiner mit zerquetschten Hoden oder mit verstümmeltem männlichen Glied darf in die Gemeinde Jahwes aufgenommen werden") näherhin bezieht, ist umstritten. Soll verhindert werden, daß der Kastrat sich mit einer Israelitin verheiratet, daß er an rituellen Kulthandlungen teilnimmt und den Tempel betritt (darauf könnte Lev 21,20 Bezug nehmen; doch ist der Text unsicher, da die Liste der körperlichen Gebrechen Wörter enthält, deren exakte Bedeutung nicht mehr sicher ausgemacht werden kann) oder daß er ein bestimmtes Verwaltungsamt übernimmt? Für alle genannten Möglichkeiten finden sich Hinweise, ohne daß jedoch eine endgültige Entscheidung möglich ist.

Spricht nun das Alte Testament vom Eunuch (סריס = sārîs), so ist in den weitaus meisten Fällen nicht an einen Verschnittenen gedacht, sondern an einen Beamten. Gen 39,1 ist der Eunuch ein Vertrauter des Königs, 2 Kön 24,12 ein höherer Offizier. Daß einer Eunuch ist, drückt fast durchweg eine bestimmte und fest umrissene Funktion aus: Der sārîs ist primär der an der Spitze Stehende, der Hofbeamte (eines Königs). Nach *Gesenius/Buhl*[4] bedeutet sārîs: Eunuch, Hämling, Verschnittener, entweder am Hof der israelitischen Könige oder (überwiegend) an fremden Höfen; eine andere Bedeutung liege 2 Kön 25,19 und Gen 39,1 vor. „Möglicherweise hat d.W. deshalb hier so wie auch an anderen Stellen d. allgemeinere Bed.: Höfling."[5] *Koehler/Baumgartner*[6] formulieren noch eindeutiger: sārîs bezeichnet an erster Stelle (und in den meisten Texten) den Hofbeamten; nur Jes 56,3f; Est 2,3.14f; Sir 30,20 liege die Bedeutung Eunuch vor.[7] Demnach hat man in Israel nicht nur die Sache als solche abgelehnt, sondern auch den dafür gebrauchten Terminus in den meisten Fällen in einer anderen, übertragenen Bedeutung verwendet. Der sārîs ist also „jedenfalls nicht immer der Eunuch."[8] Jes 56,3–5 wird vom Eunuchen als dürrem, also nutzlosem Holz gesprochen: „Nicht sage der Eunuche: Siehe, ich bin ein dürrer Baum." *C. Daniel* sagt zu der Stelle,

---

[4] *W. Gesenius/F. Buhl,* Handwörterbuch über das Alte Testament, Berlin [17]1962 ad voc.

[5] A.a.O. 553.

[6] *L. Koehler/W. Baumgartner,* Lexicon in Veteris Testamenti Libros, Leiden 1958 ad voc.

[7] A.a.O. 668.

[8] *J. Schneider,* a.a.O. 764.

daß hier Eunuche nicht den Verschnittenen bezeichne: „l'exégèse des Pères de l'Église n'a jamais admis ce sens".[9] In der Tat weist das Bild vom verdorrten, also unfruchtbaren Baum darauf hin, daß an Ehelose oder an Eheleute zu denken ist, denen, obwohl sie keinen Nachwuchs haben, ein Platz in der Gemeinde eingeräumt werden soll.[10] Die Verordnung Dtn 23,2 wird außer Kraft gesetzt: Ehelose und Kinderlose werden vom Heil nicht völlig ausgeschlossen, wenn sie die Weisungen Jahwes beobachten. In Israel gab es demnach keine Kastraten. Eine Ausnahme scheinen nur die Königshöfe gemacht zu haben. So begegnet man am Hofe Isebels (2 Kön 9,32; 24,12) Eunuchen (vgl. auch 2 Kön 25,19), ebenso am Hofe des Perserkönigs Ahaschwerosch, der mit der Jüdin Ester verheiratet war (Est 1,10; 2,3.14; 4,4). Es finden sich auch zahlreiche Hinweise, daß die genannten Eunuchen fremdländische Sklaven waren: 1 Sam 8,15; 1 Kön 22,9; 2 Kön 9,32 u.ö. Vor allem legen die Funktionsbezeichnungen die Annahme nahe, daß diese fremdländischen Eunuchen in Wahrheit hohe Beamte gewesen sind, die größtenteils unverheiratet waren, nicht zuletzt deswegen, weil die Heirat eines Juden mit einem Fremden untersagt war (Ex 34,16; Dtn 7,3f; Esr 9f; Neh 10,31; 13,23–29).

4. DIE TRADITION IM JUDENTUM

Daran hat sich auch nichts geändert, als die Septuaginta (LXX) den hebr. Terminus mit εὐνοῦχος übersetzte; der Eunuch bleibt auch hier überwiegend der hohe, politische oder militärische Beamte. Wie Sir 20,4 zeigt, braucht der Terminus keineswegs mit der Kastration in Verbindung gebracht zu werden. Bezeichnenderweise fehlt auch in der griech. Übersetzung von Dtn 23,2, wo gesagt wird, daß keiner mit zerquetschten Hoden oder mit verstümmeltem männlichen Glied in die Gemeinde Jahwes aufgenommen werden darf, der Terminus εὐνοῦχος; wenn die LXX gezielt von einem Kastraten spricht, verwendet sie andere griech. Termini ([δια–]θλᾶν, ἀποκόπτειν). Auch Weish 3,13f, wo die Unfruchtbare und der Eunuch nebeneinander stehen, ist Eunuch nicht mit Kastrat gleichzusetzen; er ist vielmehr der Kinderlose, dem Kinderlosigkeit als Unglück widerfahren ist (vgl. Gen 11,30; 1 Sam 1,15–20 u.ö.). Aber auch die Kinderlosigkeit selbst ist nicht mehr wie einst das Unglück

---

[9] A.a.O. 359 unter Hinweis auf *Cyrill von Alexandrien*, der schon interpretiert habe, daß der Eunuch des Jesajatextes ein Mann ohne Kinder sei.

[10] Viele Kommentatoren lassen die Frage offen, ob Ehelose oder kinderlose Verheiratete gemeint sind.

schlechthin; denn: „Besser ist Kinderlosigkeit (gepaart) mit Tugend" (Weish 4,1). „Der kinderlose, aber tugendhafte Gerechte hat Ehre bei Gott und den Menschen, die große Kinderschar der Gottlosen aber ist zu nichts nütze."[11] Die Annahme liegt nahe, daß der Eunuch immer unverheiratet war. Aber der Eunuch Gen 39,1.7.8 wird als ein verheirateter Oberst vorgestellt, ebenso die beiden Beamten am Hof des ägyptischen Pharao (Gen 40,2.7); diese Frage kann also nicht grundsätzlich entschieden werden. Doch sprechen Texte wie Jes 56,4f und Weish 3,13f dafür, daß neben der Bedeutung von „Amt" die Tatsache der Ehelosigkeit mit dem Begriff verbunden war. Eindeutig fest steht nur, daß die Eunuchen 1 Sam 8,15; 1 Kön 22,9; 2 Kön 8,6 u.ö. Hofbeamte sind, ohne jeden Hinweis auf Entmannung, aber oft neben oder in Verbindung mit anderen Bediensteten und Hofdienern.[12] Im Buch Daniel ist siebenmal vom ἀρχιευνοῦχος die Rede[13]; hier ist, wie das Kompositium mit ἀρχι– zeigt, ein höherer Bemater gemeint, der den Oberbefehl, die Oberaufsicht am Hof König Nebukadnezzars hatte. Sir 20,4 wird in einem Vergleich ein Eunuch erwähnt, „der bei einer Jungfrau schläft" (ἀποκαρθενῶσαι νεάνιδα); in dem anstößigen Vergleich ist eindeutig von einem Nicht-Kastraten die Rede; der Vergleich begegnet noch einmal in Sir 30,20 (περιλαμβάνων παρθένον)

5. ZUSAMMENFASSUNG

Die Darstellung des religions- und zeitgeschichtlichen Hintergrundes zeigt, daß der Eunuch im eigentlichen Sinne in der sozialen Ordnung Israels keine Rolle spielte, was nicht zuletzt aus der Seltenheit seiner Erwähnung zu ersehen ist. In kultisch-religiöser Hinsicht fand er in Israel und im Judentum keine Billigung. Die herablassende Geringschätzung gegenüber dieser Gruppe machte sie zu Außenseitern; sie fand ihren Niederschlag darin, daß Israel und das Judentum die Verschneidung grundsätzlich ablehnten, und daß Verschnittene, die aus dem Heidentum zum Judentum übertreten wollten, nie völlig integriert wurden. Im Synedrium konnten sie weder Sitz noch Stimmrecht erlangen.

---

[11] *J. Fischer*, Buch der Weisheit (EB), Würzburg 1952, 15.

[12] Auch die Eunuchen, die im Buch Ester 17mal erwähnt werden, sind Chargen des Königs ohne jede Bezugnahme auf ihren physischen Charakter und ihr sexuelles Verhalten; vgl. *F. Stummer*, Das Buch Ester (EB), Würzburg 1953, 10.

[13] Das Kompositum ist im Profangriechischen unbekannt, vgl. *Liddell/Scott*, Greek-English Lexicon s.v.

Vor allem ist festzuhalten, daß fast immer, wenn in jüdischen Kreisen von Eunuchen die Rede ist, nicht deren physische Verstümmelung ins Auge gefaßt ist. Vielmehr werden sie in ihrer Funktion als einflußreiche Hofbeamte vorgestellt, denen eine verantwortungsvolle Position zukam. Häufig standen sie im Dienst von Königen und waren zuständig für die Frauengemächer an Königshöfen. Zur korrekten Ausführung dieser Aufgabe dürfte – wenn auch keineswegs generell – Voraussetzung gewesen sein, daß diese als Eunuchen bezeichneten Beamten unverheiratet waren; doch wird auch von verheirateten Eunuchen gesprochen. Nicht das Verschnittensein war also herausragende Eigenart des Eunuchen (obwohl gerade dort, wo das Hareminstitut in Geltung war, der zeugungsunfähige Eunuch vorgezogen wurde), sondern das Unverheiratetsein, in dem man eine besondere Befähigung für ein verantwortungsvolles Amt sah. Es ist denkbar, daß ganz am Anfang es einer Minderheit physisch Verschnittener gelang, einflußreiche Stellung in der Gesellschaft zu erlangen; später jedoch dürfte dafür nur noch das Unverheiratetsein bestimmend gewesen sein, so daß unter diesem Aspekt „Eunuch" als Synonym für hoher Beamter gebraucht werden konnte. Das Erreichen einer solchen bevorzugten Position setzte also den Verzicht auf die Ehe voraus.
Auf den Eunuchenspruch Mt 19,12 bezogen bedeutet dies, daß bei der dritten Gruppe nicht von physisch Verstümmelten die Rede sein kann, wie der jüngere Origenes angenommen hatte und zuletzt auch noch *K. L. Schmidt* den Text interpretierte (ThWNT I 590). Es ist aber auch nicht möglich, die beiden ersten Gruppen im wörtlichen Sinne als wirkliche Kastraten, die dritte Gruppe dagegen im übertragenen Sinne als „spiritual eunuchs" zu verstehen. Vielmehr ist von Ehelosen die Rede: von Ehelosen, die von Geburt an eheunfähig sind, von Ehelosen, die durch äußere Einwirkung eheuntauglich gemacht wurden, und von Ehelosen, die um des Himmelreiches freiwillig ehelos bleiben. D.h.: der Approbationsspruch anerkennt die Lebensweise von Menschen, die freiwillig wegen des Himmelreiches Eheverzicht geleistet haben. Fast alle Exegeten haben diesen Sachverhalt zumindest bezüglich der dritten Gruppe richtig gesehen. So schreibt – um nur einige zu nennen – *A. Bisping*, daß nicht „physische Eunuchen" gemeint seien, sondern solche, die „in freiwilliger Entsagung sich alles geschlechtlichen Begehrens entäußert haben."[14] Auch *B. Weiß* sagt von der dritten Gruppe, „daß sie sich selbst zur Ehe ebenso untüchtig gemacht haben, wie die Entmannten es physisch geworden

[14] *A. Bisping*, Evangelium nach Matthäus, Münster 1867, 397; allerdings setzt er „Reich Gottes hienieden" und „Kirche" gleich.

sind."[15] *W. C. Allen* spricht von „spiritual eunuchs"[16], ähnlich auch *E. Klostermann,* der die dritte Aussage bildlich versteht, in der der freiwillige Verzicht ausgedrückt werden soll.[17] Die Schwäche dieses an sich richtigen Verständnisses liegt darin, daß die genannten Exegeten die beiden ersten Gruppen im wörtlichen (biologischen) Sinne deuten und erst bei der dritten Gruppe eine geistige Ebene in Abhebung von der biologischen annehmen. Zum Beispiel glaubte *J. Blinzler,* der im Sinne eines heteronomen Verständnisses sich auf den Matthäuskommentar von *P. Schegg* beruft, sagen zu müssen, daß eine bildliche Deutung auch der ersten zwei Gruppen „heute wohl allgemein als unhaltbar erkannt" sei.[18] Demgegenüber hat neuerdings *C. Daniel*[19] die Meinung vertreten: Der Begriff Eunuch habe in Mt 19,12 nicht den Sinn von Kastration, sondern von: „einem Eunuchen vergleichbar, ähnlich".[20] Die aufgezeigten Schwierigkeiten lösen sich, wenn man unter Berücksichtigung des überlieferungsgeschichtlichen Hintergrunds, des Zusammenhangs bei Matthäus (Ehe/Ehescheidung – Eheverzicht) und des Tenors des Logions erkannt hat, daß nur über Ehelosigkeit gesprochen wird, und zwar unter dem dreifachen Aspekt: Ehelosigkeit von Geburt an, durch Fremdeinwirkung erzwungene und durch freiwilligen Verzicht auf sich genommene. Besonders die redaktionelle Verklammerung bei Matthäus macht es, wie oben gezeigt wurde, notwendig, den Eunuchenspruch im Zusammenhang mit der Diskussion über die Ehe zu sehen. Nicht von Eheunfähigkeit oder Eheuntauglichkeit ist die Rede[21], sondern von Ehelosigkeit. Andererseits darf die Verklammerung wiederum nicht so eng gesehen werden, als sei der Eunuchenspruch für solche gesagt worden, die nach den VV. 3–9 sich von der Frau getrennt hätten und nun für den Rest des Lebens ehelos

---

[15] *B. Weiß,* Das Matthäus-Evangelium (KEK), Göttingen 1898, 338; Weiß spricht von einem „Beruf, welcher für die irdischen Interessen ... weder Raum noch Neigung übrig läßt."

[16] *W. C. Allen,* S. Matthew (ICC), Edinburgh ³1912 (repr. 1957), 206: „sie haben auf die Ehe verzichtet um des Königreichs willen."

[17] *E. Klostermann,* Matthäusevangelium (HNT), Tübingen ⁴1971, 156: „... die ... freiwillig auf das Geschlechtsleben verzichtet haben."

[18] *J. Blinzler,* a.a.O. 255 Anm. 7. *P. Schegg* (Evangelium nach Matthäus, München 1858, Bd. III, 17) hatte formuliert: „Diese drei Gattungen der Ehelosen bezeichnet hier Jesus Christus in einem echt orientalischen kräftigen Bilde."

[19] *Daniel* hat in mehreren Artikeln nachzuweisen versucht, daß die Essener im NT oft erwähnt werden, sei es direkt oder indirekt.

[20] *C. Daniel,* a.a.O. 378.

[21] Gegen *Blinzler,* a.a.O. 258.261 („Eheuntauglichkeit"); *Matura,* a.a.O. 45 („incapacity for marriage"); *Baltensweiler,* a.a.O. 109 („Eheuntauglichkeit"); *Blank,* a.a.O. 379 (er schließt sich *Baltensweiler* an).

leben müßten. Die Verklammerung mit Mt 19,3–9 bezieht sich nur auf das allgemeine Thema Ehe, nicht auf das spezielle der Ehescheidung oder der Wiederheirat eines Geschiedenen. Der Eunuchenspruch als Bestätigungswort für freiwillig Ehelose ist somit nicht wegen seiner sprachlichen Formulierung und der damit verbundenen anrüchigen Aussage anstößig; der Skandaloncharakter ergibt sich vielmehr aus der positiven Einstellung Jesu zu freiwillig Ehelosen in einer Umwelt, in der Ehelosigkeit abgelehnt, diskriminiert oder nur bedingt toleriert wird. Doch davon ist gleich noch zu sprechen.

VII. Der Eunuchenspruch im Kontext der matthäischen Gemeindetheologie

1. RECHTFERTIGUNG DER FREIWILLIG EHELOSEN

Als Ergebnis der Untersuchung kann festgehalten werden: Der Eunuchenspruch handelt von der freiwillig gewählten Ehelosigkeit. Schon Paulus hatte sich mit dieser Frage beschäftigt (1 Kor 7,25–38). Angesichts der letzten und endgültigen Entscheidung Gottes über Heil und Unheil der Menschen glaubte er, daß der Christ sich nicht an das Vorläufige, Vergängliche und Unvollkommene binden solle, da ihn dies nur um so stärker der zu erwartenden Drangsale aussetze.[1] Paulus denkt dabei sowohl an kosmisch-apokalyptische Schrecken als auch an das dadurch gestörte zwischenmenschliche Verhältnis. Paulus kann nicht vor den Drangsalen der Endzeit bewahren, dies liegt allein in der Hand Gottes. Aber von einer damit gegebenen zusätzlichen Belastung möchte er die Christen verschont wissen. Sein Wunsch war es daher, daß alle wie er selbst in der noch zur Verfügung stehenden Zeit sich frei und ungebunden dem Dienst Christi zur Verfügung stellen sollten. Gleichwohl hat Paulus diese persönliche Einstellung nicht zu einer verpflichtenden Lehre für alle Christen gemacht, sondern sie ausdrücklich als einen Akt einer Ausnahmesituation mit dem Charakter der Freiwilligkeit bezeichnet.

Neben Paulus hat auch noch Lukas im Streitgespräch mit den Sadduzäern über die Auferstehung das Thema der Ehelosigkeit etwas ausführlicher berührt, ebenfalls unter dem Vorzeichen eines künftigen Geschehens, wenn nämlich die Auferstehung von den Toten sich ereignen wird (Lk 20,34f).[2] Als dritter (und letzter) Text im neutestamentlichen Schriftkorpus spricht Mt 19,10–12 von der Ehelosigkeit, genauer: von dem freiwilligen Verzicht auf die Ehe. Der Text läßt allerdings die Frage offen, ob dieser Verzicht von einem, der bereits einmal verheiratet war, also verwitwet (oder geschieden) ist, geleistet wird, oder von einem, der zum ersten Mal vor die Frage „Heiraten oder nicht heiraten?" gestellt wird; imgrunde ist diese Frage zweitrangig, weil sie die im Logion angespro-

---

[1] Vgl. *H. Baltensweiler*, a.a.O. 167–174; Pls denkt nicht so sehr an die Sorgen und Nöte des Ehestandes, sondern an „die endzeitliche Not, die mit dem zu Ende gehenden Aeon verbunden ist": a.a.O. 171. Siehe auch *Th. Matura*, Célibat 595f („L'arrière-plan eschatologique").

[2] „Da mit der Auferweckung das Sterben aufhört, wird auch die Ehe, die nach Gottes Willen der Fortpflanzung dient (1. Mose 1,28), überflüssig . . .": *K. H. Rengstorf*, Evangelium nach Lukas (NTD), Göttingen 1958, 228.

chene Sache nicht tangiert: Da es um eine Entscheidung angesichts und wegen des Himmelreiches geht, ist jeder betroffen, der sich der in dem Wort Jesu angezeigten Lebensform gegenübergestellt sieht.

2. AUFFORDERUNG ZU TOLERANZ

Das Logion fordert aber nicht nur auf, den Eheverzicht zu leisten, wann immer einer bereit und fähig ist, dem Imperativ „Der es fassen kann, fasse es!" zu gehorchen. Mit dem Spruch sind vielmehr auch alle angesprochen, die zwar für sich selbst die Forderung des Eheverzichts nicht zu realisieren vermögen, die aber dennoch Verständnis aufbringen müssen für die, welche den Stand der Ehelosigkeit um des Himmelreiches willen gewählt haben. Für ein solches Verstehen und Gutheißen waren in der damaligen Zeit die Voraussetzungen keineswegs gegeben. Der Gedanke einer lebenslangen oder über längere Zeit andauernden Ehelosigkeit war der Welt des Alten Testaments und des Judentums, die ja den Hintergrund und das Umfeld des Eunuchenspruchs bildet, unbekannt und unvorstellbar. Es gab wohl die Vorstellung und Praxis einer zeitlich beschränkten und rituell motivierten sexuellen Enthaltsamkeit, die zu bestimmten, religiös-kultischen Anlässen und Zeiten im Sinne einer reinigenden und rein erhaltenden Vorbereitung geübt wurde. So verbietet Ex 19,15b den Verkehr mit der Frau, weil die Epiphanie Jahwes unmittelbar bevorsteht; das Verbot, hinter dem die Vorstellung der verunreinigenden Wirkung sexuellen Verhaltens sichtbar wird, hinkt in dem genannten Text auffallend nach gegenüber der grundsätzlichen Forderung: „Seid bereit für den dritten Tag!"[3] Nach 1 Sam 21,5 durfte den Begleitern Davids das heilige Brot zum Essen gegeben werden, weil sie die dafür notwendige rituelle Voraussetzung, nämlich sich der Frau zu enthalten, erfüllt hatten. Ahimelech war erst bereit, von dem Verbot, die Schaubrote Nichtpriestern zum Verzehr zu geben, zu dispensieren, nachdem er sich erkundigt hatte, ob die notwendige kultische Reinheit gegeben war.[4]
Wie im Alten Testament bleibt auch in jüdischer Zeit die mosaische Tradition gewahrt, daß die Vereinigung von Mann und Frau in der Ehe und das Zeugen und Gebären von Kindern göttliches Gebot ist, dem sich

---

[3] *M. Noth*, Exodus (ATD), Göttingen 1959, 127; möglicherweise werde die sexuelle Enthaltung „zusätzlich" gefordert.

[4] Die Kultsatzung kann, „wo sie mit dem sittlichen Gebot in Konflikt kommt, als fremdes Zwangsprinzip wirken": *W. Eichrodt*, Theologie des Alten Testaments, Göttingen 1961, Teil 2/3, 256.

kein frommer Jude entziehen darf. In dieser Auffassung stimmten Mann und Frau völlig überein; denn ehe- oder kinderlos sterben zu müssen, war nicht nur für den Juden, sondern auch für die israelitische Frau geradezu eine Schande: Ri 11,34–39 (die Tochter des Jephte von Mispa beweint ihre „Jungfrauschaft"); vgl. Dtn 7,14; Jes 4,1; 47,8f. Zwar machen sich in stärkerem Maße asketische Tendenzen bemerkbar, mit denen eine noch stärkere Tabuisierung des Sexuellen Hand in Hand geht; vor allem wird eine zunehmend negative Einschätzung der Frau erkennbar (vgl. Sir 25,24: „Von einer Frau kam der Anfang der Sünde, und ihretwegen müssen wir alle sterben"; vgl. Gen 3,6 sowie 1 Tim 2,14 gegen Röm 5,12–15).[5] Aber die Verpflichtung aus der jahwistischen Erzählung Gen 2,18–25 wird immer wieder in Erinnerung gerufen, etwa wenn der junge Tobit sich anschickt, eine Frau zu nehmen und dabei ausdrücklich versichert: „Herr, nicht aus Unzucht nehme ich diese meine Schwester ..." (Tob 8,6f). Das rabbinische Judentum hat diese alttestamentlich-jüdische Tradition bezüglich der Ehe noch einmal verschärft und hervorgehoben: „Jeder Jude, der kein Weib hat, ist kein Mensch" (b. Jebamot 63a), oder: „Jeder Jude, der kein Weib hat, ist ohne Freude, ohne Segen und ohne Gutes" (b. Jebamot 62b).[6] Generell heißt es, daß ein Eheloser kein Mann ist im vollen Sinne des Wortes; denn es ist gesagt: „Er hat geschaffen männlich und weiblich, er segnete sie und nannte sie beim Namen: Mensch" (Gen 5,2 und b. Jebamot 63a). Obwohl sich auch im Rabbinat eine gewisse Minderbewertung der Frau fortsetzt und teilweise noch verstärkt, kommt es dennoch nicht zu einer Entfaltung des Gedankens an Ehelosigkeit.

Nun gibt es allerdings in der alttestamentlichen Tradition ein auffallendes Beispiel von Ehelosigkeit. Jeremia, der Prophet (er wirkte in der Zeit unmittelbar vor der Zerstörung Jerusalems im 6. Jahrhundert) muß um der konsequenten Erfüllung seines prophetischen Auftrags willen ehelos bleiben. „Jahwes Wort erging an mich: Du sollst dir kein Weib nehmen und nicht Söhne und Töchter haben an diesem Ort" (Jer 16,2). Wie bereits dargelegt wurde, waren in alttestamentlicher Zeit Ehe- und Kinderlosigkeit geradezu eine Schmach (Dtn 7,14; Jes 4,1). Jeremia hat sich daher der Forderung, ehelos zu bleiben, nicht ohne inneren Widerspruch unterworfen. Aber er gehorchte. Nicht, weil es ihm unmöglich war, neben seinem Amt auch noch an Ehe und Familienleben zu denken; nicht

---

[5] Noch härter urteilt Jesus Sirach in 42,13: „Denn vom Gewande kommt die Motte her und vom Weibe die Schlechtigkeit des Weibes."

[6] Vgl. *K. H. Schelkle,* Der Geist und die Braut. Die Frau in der Bibel, Düsseldorf 1977, 53.

um einer höheren Vollkommenheit willen oder zum Zweck einer ungeteilten Hingabe an seinen Beruf. Jeremia gehorchte, um ein „Zeichen“ zu setzen. Seine Ehelosigkeit ist warnendes Sinnbild dafür, daß das Gericht über Israel kommt: Die Eltern werden kinderlos sein, das Land wird entvölkert werden, die Familien werden zugrunde gehen. Diese Zeichenfunktion wird aber nur verständlich, wenn die Ehelosigkeit des Propheten als etwas Ungewöhnliches, Unerhörtes und Schockierendes angesehen wurde. Nicht nur das gesprochene Wort, auch die Handlungen des Propheten und seine Lebensweise werden zum Mittel der Verkündigung. Doch steht Jeremia mit seiner zeichenhaften Ehelosigkeit allein, an eine allgemeine Übernahme dieses einmaligen Prophetenschicksals war nicht zu denken. Aber zweifellos war es offen für Nachahmung in späteren Zeiten apokalyptischer und eschatologischer Prägung.

3. DIE NEUE MOTIVATION

Es ist die Meinung vertreten worden, die Gemeinde von Qumran habe mit Sicherheit die Ehelosigkeit gekannt und praktiziert (vgl. die Aussagen bei Philo v. Alexandrien, Flavius Josephus und Plinius dem Älteren). Deshalb habe die Forderung des Eunuchenspruchs zumindest in der essenischen Tradition an ein Vorbild bzw. eine Parallele anknüpfen können.[7] Damit aber verliere das mit dem Logion verbundene Einmalige und Ärgerliche sein Gewicht, und seine Anstößigkeit werde somit entschärft. Das Wort Jesu stoße also keineswegs auf völliges Unverständnis, sondern habe bei den Hörern wegen der ihnen bekannten essenischen Übung ohne weiteres mit Zustimmung rechnen können. Man hat – wie oben ausführlich dargestellt wurde – von dieser Überlegung ausgehend sogar die Behauptung aufgestellt, mit dem Logion habe Jesus die Qumranfrommen direkt angesprochen und die zweite Gruppe des Eunuchenspruchs spreche von den Zölibatären in Qumran, die zwar nicht wirkliche Kastraten gewesen seien, aber doch Unverheiratete, und zwar nicht aufgrund einer göttlichen Ordnung und eines alten Toragebotes, sondern aufgrund menschlicher Lehren und Vorschriften.[8] „Die Essener waren die

---

[7] So u.a. *A. Steiner,* Warum lebten die Essener asketisch?, in: BZ 15 (1971) 1–28 („Aber niemand bestreitet, daß es bei ihnen irgendeine Form von Ehelosigkeit gegeben hat“: S. 9f); vgl. dagegen *A. Sand,* Der Begriff „Fleisch“ in den paulinischen Hauptbriefen (BU), Regensburg 1967, 257f.

[8] So *C. Daniel* a.a.O. *Galot* (a.a.O. 731f) erachtet die Bezeugung in den Qumranschriften für unsicher („pas de prescription absolue de célibat“), setzt dann aber doch die Ehelosigkeit als gegeben in Qumran voraus.

einzigen jüdischen Sektierer, welche die Ehe verboten."[9] *H. Hübner* ist der Frage nach der präsumierten Ehelosigkeit bei den Mitgliedern der Essener und in der Qumrangemeinde nachgegangen (siehe oben). Er stellt fest, daß sich die Damaskusschrift grundsätzlich an Verheiratete wendet und daß auch die Kriegsrolle Ehe und Familie voraussetze; auch die Hymnenrolle spreche vom „Samen der Frauen"; die Sektenregel mache zwar keine direkte Aussage über Ehelosigkeit, aber ein mögliches argumentum e silentio werde in Frage gestellt durch die Tatsache, daß zu Qumran Frauen und Kinder gehörten. Das Verbot: „Nicht darf ein Mann bei einer Frau liegen in der Stadt des Heiligtums ..." (CD XII, 1) untersage nur den ehelichen Verkehr am Sabbat, sei also ein zeitlich begrenztes Gebot aufgrund kultischer Vorschriften.[10] „Von ihr aus (= zeitliche Enthaltsamkeit als kultische Kontinenz) wäre es denkbar, daß einige Mitglieder des yahad diese zeitlich eingegrenzte geschlechtliche Enthaltsamkeit zu einer dauernden ausweiteten. Daß aber die ganze Kommunität in Qumran zölibatär lebte, scheint mir allerdings ... wenig wahrscheinlich."[11] Man wird in der Tat sagen müssen: Zur Zeit Jesu und der urchristlichen Gemeinden war Ehelosigkeit als dauernde Lebensform in größerem Ausmaß nicht bekannt, auch nicht als eine durch kultischen oder moralischen Zwang oder aus Nützlichkeitserwägungen heraus praktizierte Lebensweise. Aber selbst wenn in Qumran – wenn auch nur ansatzweise – das Institut des Zölibats bekannt gewesen wäre, könnte der Eunuchenspruch auf diese eventuale Praxis auf keinen Fall abzielen: Die jeweilige Motivation wäre grundverschieden. Während für die Qumranfrommen der Gesetzesgehorsam und die kultische Reinheit das bestimmende Motiv asketischen Lebens war, wird der Nachfolgeruf Jesu von der ausdrücklichen Dispens von kultischen Vorschriften begleitet (Mk 7,1–22 par.); seiner Begründung der Ehelosigkeit liegt jeder Gedanke eines sexuellen Tabus fern. Das „sich selbst" beim Verzicht auf die Ehe in 19,12c schließt die Enttabuisierung aller kultisch-magischen Reinheitsvorstellungen angesichts der freien Willensentscheidung des Menschen geradezu ein.

---

[9] *Daniel,* a.a.O. 379 u.ö.

[10] Doch kann auch eine lokal begrenzte Vorschrift angenommen werden: Die heilige Stätte und ihre nähere Umgebung ist mit einem göttlichen Tabu versehen.

[11] *Hübner,* a.a.O. 167.

4. DAS ÄRGERNIS

Wenn dem so ist, stellt sich nun noch die Frage, warum im Logion Jesu das anstößige Wort „Eunuch" verwendet wurde. Obwohl es nicht im wörtlichen Sinn von „Kastrat, Verschnittener" gemeint war, ist dennoch ein negativer Unterton nicht nur vorhanden, sondern anscheinend auch bewußt beabsichtigt gewesen. So zeigen nicht wenige Sprüche Jesu, daß ihre Wortwahl nicht nur zufällig ist; sie ist beabsichtigt, weil der Charakter eines Weckrufes nicht zuletzt auch durch verbale und stilistisch geprägte Ausdrucksweise unterstrichen werden kann und soll. Auch beim Eunuchenspruch als einem Beglaubigungs- und Ermunterungswort drückt sich in der Wortwahl der provozierende Charakter aus, wie er vielen Nachfolgesprüchen eigen ist. Der Ruf Jesu in die Nachfolge ergeht in Ausnahmesituationen, die aus dem Rahmen des Alltäglichen, Üblichen und „Normalen" herausfallen und dadurch Beachtung und Duldung, aber auch kritische Stellungnahme erzwingen wollen. Konsequenterweise hat auch die freiwillige Ehelosigkeit einiger Jünger in der Gemeinde des Matthäus Widerspruch hervorgerufen, aber auch spöttisch-herablassende Verachtung, die sich möglicherweise in dem Schimpfwort „Eunuch" ausdrückte; daß auch Jesus, da er ehelos lebte, selbst schon mit diesem Schimpfwort belegt worden war, darf zu Recht vermutet werden.[12] Der mit Absicht gebrauchte Terminus „Eunuch" diente dann dazu, die Gegner in ihrer negativen Einstellung bloßzustellen und ihre verkehrte Haltung zu korrigieren; er diente ferner dazu, die freiwillige Ehelosigkeit von dem Odium eines ehelosen Lebens gleich dem eines verachteten Eunuchen zu befreien und sie unter einem völlig neuen, positiven Aspekt zu sehen; und schließlich diente er vor allem dazu, der nur „natürlichen" Ehelosigkeit, die ja in der Tat mit einer negativen Hypothek belastet war, ein „Eunuchentum um des Himmelreiches willen" entgegenzusetzen, das in überlegter Entscheidung als freier Verzicht erfaßt und in einer nicht „natürlich" begründeten Weise des christlichen Lebensvollzugs gelebt wurde.

[12] „L'ensemble du logion parait donc destiné à des adversaires qui avaient employé le mot d'eunuques et qui reprochaint à Jésus et aux disciples de préférer une vie de célibat à la vie de mariage": *Galot,* a.a.O. 738. .

5. DIE EHELOSEN IN DER MATTHÄISCHEN GEMEINDE

Der Eunuchenspruch hat – wie mehrfach betont – als einmalige Aussage über freiwilligen Eheverzicht eine singuläre Position im Matthäusevangelium. Damit aber steht er keineswegs völlig isoliert innerhalb der theologischen Gedanken der Himmelreich-Predigt Jesu, wie sie Matthäus in seinem Evangelium dargelegt hat.[13] Vielmehr ordnet er sich bei näherem Hinsehen gut in die Gemeindetheologie des ersten Evangeliums ein. Die Matthäusgemeinde steht als Spätgemeinde vor der Notwendigkeit, mit Problemen und Schwierigkeiten, sowohl von außen als auch im Innern fertig werden zu müssen.[14] Deutlich erkennt man das Ringen des Gemeindevorstehers und der Gemeinde, mit Hilfe theologischer Reflexion und pastoraler Überlegungen dieser neuen und häufig schwierigen Situation gerecht zu werden; eindrucksvoll zeigt sich dieses Ringen u.a. in der Bergrede (Kap. 5–7), der Gemeinderede (Kap. 18) und der Rede gegen Pharisäer und Schriftkundige (Kap. 23). *P. Bonnard* hat festgestellt, daß vor allem Mt 18 die Notwendigkeit der Matthäusgemeinde widerspiegelt, eine kirchliche Ordnung und eine Sittenlehre zu erstellen, die aufgebaut ist auf der Reich-Gottes-Predigt.[15] Und *W. G. Thompson* erkannte, daß der vorherrschende Sprichwortcharakter dieses Kapitels die Vermutung nahelegt, daß die „Ordnungsprinzipien" in Mt 18 besser als Weisheitssprüche oder Ratschläge zu bestimmen sind denn als Regeln oder Vorschriften für eine Gemeinderegel; die Unterweisungen lassen – so *Thompson* – erkennen, daß die Matthäusgemeinde entzweit war: „Das nachdrückliche Anprangern zeigt an, daß das Ärgernis eine konkrete Bedrohung darstellte (VV. 5–9), und das Hervorheben der Versöhnung bedeutet, daß die Notwendigkeit der brüderlichen Ermahnung erforderlich war (VV. 15–20)."[16] *Thompson* sieht darüber hinaus richtig, daß diese paränetische Besonderheit nicht auf Kap. 18 selbst beschränkt ist. Er läßt einerseits die Gemeinderede bereits mit 17,22 beginnen und betont andererseits, daß die formelhaften Abschlüsse der fünf Redekompositionen

---

[13] Diese Meinung vertreten z.B. die Exegeten, die glauben, den Eunuchenspruch wegen seines anstößigen Charakters als unjesuanisch eliminieren oder als deplazierte Äußerung übergehen zu müssen.

[14] Vgl. dazu *A. Sand,* Das Gesetz und die Propheten. Untersuchungen zur Theologie des Matthäusevangeliums (BU), Regensburg 1974 (bes. 206–221).

[15] *P. Bonnard,* Composition et signification historique de Matthieu XVIII: Règle ecclésiastique ou éthique du Royaume?, in: *I. de la Potterie* (Hg.), De Jésus aux Evangiles, Gembloux/Paris 1967, 130–140.

[16] *W. G. Thompson,* Matthew's Advice to a Divided Community. Mt 17,22–18,35 (AnBibl 44), Rom 1970, 266.

(7,28a; 11,1a; 13,53a; 19,1a; 26,1a) nicht unbedingt nur das Ende des Vorausgehenden anzeigen, sondern auch eine Verklammerung mit dem Folgenden darstellen; dies gelte auch für Mt 19,3–20,16.[17] Dann aber wird man auch 19,10–12, das sich in Verbindung mit 19,3–9 unmittelbar an die „Gemeinderegel“ anschließt, dem Aussageinhalt und der gemeindetheologischen Intention von Kap. 18 zuordnen dürfen. Damit erfährt der Eunuchenspruch das Gewicht und die Bedeutung all jener Aussagen, wie sie von Matthäus in Kap. 18 im Hinblick auf die konkrete Gemeindesituation aus judenchristlicher Tradition übernommen und neu formuliert worden sind. Als Jesuswort ist somit der Eunuchenspruch den Herrenworten der „Hausordnung Gottes“[18] gleichzusetzen; als Jüngerbelehrung steht er im Kontext der umfassenden Gemeindeparänese von Kap. 18; als Himmelreichlogion schließlich ordnet er sich der Jüngerfrage 18,1 unter: „Wer nun ist größer im Himmelreich?“ Himmelreich ist hier (trotz V. 3: „eingehen in das Himmelreich“) nicht futurisch gemeint, sondern hat präsentische Bedeutung. „Beide Redeweisen könnten dies gemeinsam haben, daß sie nicht in einem horizontalen Zeitschema, sondern in einem vertikalen Ordnungsschema gedacht sind.“[19] So ist der Eunuchenspruch ein Legitimationswort, das Ehelosen um des Himmelreichs willen in der Matthäusgemeinde ihre Existenzberechtigung zuerkennt und sie gegen innergemeindlichen Argwohn, gegen Eiferer und Puristen jedweder Prägung (vgl. das Sondergutgleichnis vom Unkraut unter dem Weizen 13,24–30) in Schutz nimmt. Von der weiteren Intention des Logions, Ehelose um des Himmelreiches willen vor einer möglichen jüdischen Verachtung zu schützen, wurde bereits gesprochen. Das Wort vom Ärgernis Mt 18,6 bedeutet dann in Bezug auf die freiwillig Ehelosen, daß sie zu den Kleinen gehören, die als Entrechtete und Verachtete die ersten Anwärter auf das Königtum Gottes sind. Als solche haben sie nicht nur einen anerkannten, sondern einen bevorzugten Platz in der Gemeinde. Die Approbationsformel von den freiwillig Ehelosen befreit diese von dem Odium, einen Weg eingeschlagen zu haben, der, aus welchen Gründen auch immer, negativ zu bewerten ist; die Ehelosen um des Himmelreiches willen sind nicht die in der Welt zu kurz Gekommenen, sondern sind in Wirklichkeit die wahren Brüder Jesu (Mt 12,50), weil sie

---

[17] A.a.O. 22f; das Itinerarium 19,1bc ist redaktionelles Stilmittel, das die Funktion der Überleitung und auch der Verklammerung hat.

[18] Diese Bezeichnung schlägt *W. Trilling* vor: Hausordnung Gottes. Eine Auslegung von Matthäus 18 (Welt der Bibel 10), Düsseldorf 1960, 11.

[19] *W. Trilling*, a.a.O. 20.

eine dem Willen des Vaters im Himmel entsprechende Entscheidung zu erfüllen sich bereit erklärt haben.
Das Gesagte wird noch einmal deutlich, wenn der Eunuchenspruch innerhalb der Reihe der Logien gewürdigt wird, die als Grundsatzaussagen mit persönlicher Note den Ruf Jesu in die Nachfolge näher bestimmen. Häufig zeichnen sie sich durch die Art einer paradoxen Formulierung aus (Mt 9,12; 19,24; 20,16 u.ö.), oder durch einen Vergleich, der zum Aufhorchen nötigt (Mt 18,3; 19,6; 19,24). Sie wollen zur Stellungnahme zwingen, was zuweilen durch die Weckformel „Wer Ohren hat zu hören, der höre" unterstrichen wird. Sie dulden keinen Aufschub, sondern verlangen die Entscheidung sofort. Durchweg sind sie der Predigt vom Himmelreich, in der der Wille Gottes sich kundtut, zugeordnet und erfahren von dieser ihre Legitimation und Motivation. Kurz: es sind Appelle mit dem Charakter des Unaufschiebbaren, Bedingungslosen und Totalen. Aber sie schaffen nicht neue Normen und Regeln, die auf alle Jünger oder Menschen zu übertragen wären. Sie eröffnen vielmehr einen Freiraum, in dem eine Entscheidung, die ein bestimmtes Verhalten um des Himmelreiches willen zur Folge hat, ermöglicht wird für jeden, der diesen Anspruch zu fassen vermag. Der Wille Gottes, der sich in dieser Welt durchsetzen will, ergeht in vielfältiger Form. Matthäus, der das Erkennen, Annehmen und Befolgen dieses Gotteswillens besonders betont, engt die Erfüllung des Willens nicht auf nur wenige Möglichkeiten ein. Das Königliche, das in der Willenskundgabe des ersten Evangeliums zutage tritt[20] (nur im Matthäusevangelium gibt es Königsgleichnisse), ist von der königlichen Art eines Menschen, der wie ein guter Hausvater aus seinem Schatz Altes und Neues hervorholt. Neu ist in diesem Jesuswort[21] die Anerkennung derer, die um des Himmelreiches willen auf die Ehe verzichten; neu ist aber auch das damit verbundene Mahnwort: Wer es fassen kann, fasse es! Neu ist vor allem sein Charakter als Orientierungshilfe bei der Suche nach dem Weg der Gerechtigkeit: Er vermag wegzuführen vom alten Weg gesetzlicher Enge und hinzuführen auf den neuen Weg der Entscheidung in Freiheit.

---

[20] Vgl. *W. Trilling* a.a.O. 92.

[21] Daß es sich hier um ein „echtes" Jesuswort handelt, betonen auch *A. Isaksson*, Marriage and Ministry in the New Temple (ASNU 24), Lund 1965, 148 („genuine tradition deriving from Jesus") und *Blank*, a.a.O. 378 (es handelt sich „wohl doch um ein echtes Herrenwort").

Literaturverzeichnis

Die hier aufgeführten Autoren werden an den Stellen ihres Vorkommens nur mit dem Namen zitiert (bzw. mit Namen und Kurztitel, wenn vom selben Autor mehrere Werke genannt sind). Die übrige Literatur ist jeweils mit vollen Angaben aufgeführt. Die Dissertation: *D. W. Trautmann*, The Eunuch Logion of Mt 19,12. Historical and Exegetical Dimensions as Related to Celibacy (Diss. Pont. Univ. S. Thomae in Urbe) Rom 1966, war mir leider nicht zugänglich.

H. Baltensweiler, Die Ehe im Neuen Testament. Exegetische Untersuchung über Ehe, Ehelosigkeit und Ehescheidung (AThANT 52), Zürich-Stuttgart 1967

W. Bauer, Matthäus 19,12 und die alten Christen, in: Neutestamentliche Studien (FS f. G. Heinrici), Leipzig 1914, 235–244

J. Blank, Prophetische Ehelosigkeit und kultisches Sexualtabu, in: Diakonia 1 (1970) 373–382

J. Blinzler, Εἰσὶν εὐνοῦχοι. Zur Auslegung von Mt 19,12, in: ZNW 48 (1957) 254–270

ders., „Zur Ehe unfähig ..." Auslegung von Mt 19,12, in: J. Blinzler, Aus der Welt und Umwelt des Neuen Testaments, Stuttgart 1969, 20–40

ders., Justinus Apol. I 15,4 und Matthäus 19,10–12, in: Mélanges Biblique en hommage au B. Rigaux, Gembloux 1970, 45–55

R. H. Charles, The Teaching of the New Testament on Divorce, London 1921, 35–38 (Mt 19,10–12)

C. Daniel, Esséniens et Eunuques (Matthieu 19,10–12), in: RQum 6 (1968) 353–390

R. J. Devin, Holy Virginity. A Study of the New Testament Teaching on Virginity and Celibacy, Rom 1964

J. Dupont, Mariage et divorce dans l'Evangile. Matthieu 19,3–12 et parallèles, Bruges 1959, 161–220 (Les eunuques)

J. Galot, La motivation évangélique du célibat, in: Gr 53 (1972) 731–752

H. Greeven, Ehe nach dem Neuen Testament, in: NTS 15 (1968/69) 365–388

H. Hübner, Zölibat in Qumran?, in: NTS 17 (1970/71) 153–167

A. Isaksson, Marriage and Ministry in the New Temple (ASNU 24), Lund 1965

P. Ketter, „Nicht alle fassen dieses Wort". Bemerkungen zu Mt 19,10–12, in: Pastor bonus 48 (1938) 311–323

J. D. Kingsbury, Matthew: Structure, Christology, Kingdom, London 1976

J. A. Kleist, Eunuchs in the New Testament, in: CBQ 7 (1945) 447–449

J. Kodell, The Celibacy Logion in Matthew 19,12, in: Bibl. Theol. Bulletin 8 (1978) 19–23

G. Kretschmar, Ein Beitrag zur Frage nach dem Ursprung frühchristlicher Askese, in: ZThK 61 (1964) 27–67

A. Kretzer, Die Frage: Ehe auf Dauer und ihre mögliche Trennung nach Mt 19,3–12, in: Biblische Randbemerkungen (FS für R. Schnackenburg), Würzburg 1974, 218–230

U. Luz, βασιλεία, Reich, Herrschaft, in: EWNT I 481–491.

Th. Matura, Le célibat dans le Nouveau Testament d'après l'éxegèse recente, in: NRTh 107 (1975) 481–500.593–604
ders., Celibacy in the New Testament, in: TD 24 (1976) 39–45

A. D. Nock, Eunuchs in ancient religion, in: Archiv. f. Rel. Wissensch. 23 (1925) 25–33

M. Pamment, The Kingdom of Heaven According to the First Gospel, in: NTS 27 (1981) 211–232

Q. Quesnell, „Made themselves Eunuchs for the Kingdom of Heaven" (Mt 19,12), in: CBQ 30 (1968) 335–358

A. Sand, Die Unzuchtsklausel in Mt 5,31.32 und 19,3–9, in: MThZ 20 (1969) 118–129
K. L. Schmidt, βασιλεία κτλ., in: ThWNT I 579–592.
J. Schneider, εὐνοῦχος, in: ThWNT II 763–767
A. Steiner, Warum lebten die Essener asketisch?, in: BZ 15 (1971) 1–28

H. Windisch, Die Sprüche vom Eingehen in das Reich Gottes: ZNW 27 (1928) 163–192

H. Zimmermann, μὴ ἐπὶ πορνείᾳ (Mt 19,9) – ein literarisches Problem. Zur Komposition von Mt 19,3–12, in: Cath 16 (1962) 293–299

Autorenregister

1. Autoren der frühkirchlichen Auslegungsgeschichte

2. Autoren der jüngeren Auslegungsgeschichte